编写工作分工

　　本书是由北京市朝阳区实验小学教育集团"学生健康自我成长课程"教学用书编写团队在北京教育学院学生发展研究中心专家的指导下编写、试教和修改完成的，编写成员主要有：陈立华、胡爱国、夏莹莹、梁秋勇、袁满、解建峰、何艳梅、董春玲。

　　具体分工如下：

　　何艳梅负责第一单元和第五单元第九课时的编写和试教；

　　袁满负责第二单元的编写和试教；

　　解建峰负责第三单元和第五单元第十课时的编写和试教；

　　董春玲负责第四单元的编写和试教；

　　陈立华、胡爱国、梁秋勇、夏莹莹负责全书的整理和修改工作。

学生健康自我成长课程

主　编　季　苹
副主编　刘艳茹　杨　玲

我的幸福法宝

陈立华　胡爱国　主编

教育科学出版社
·北京·

扫一扫，下载教学用 PPT

"学生健康自我成长课程"说明

这是一套响应国家对孩子们健康成长的深切关怀，基于研究者对学生发展和健康自我成长的长期学习和思考，由北京教育学院学生发展研究中心的研究者和基地学校的校长、老师共同开发的课程。

对"自我""健康自我"与"健康自我成长"的理解

这里的"自我"是心理学中的概念，不是日常话语中的"自我"。日常话语中的"自我"有时与"自私"接近，而心理学中的"自我"是中性的科学术语。世界上没有两片完全一样的叶子，同样也没有两个完全一样的人。我们认为，每个人的自我不一样主要是由两个方面决定的：第一是需要不一样，第二是遇到事情的反应模式不一样。这就是自我的两个密码：需要密码和反应密码。

从个人与社会之间的关系看，"健康自我"主要包括个人自身、人际关系和环境适应三个方面。个人自身的健康发展主要表现为有觉察、调节和控制自己情绪的基本能力，了解自己的优缺点和内心需要，会进行自我规划；良好的人际关系主要表现为有同理心，善于沟通，拥有人际交往的能力，有亲密的朋友；良好的环境适应主要包括对自己生存的社会环境和自然环境的适应，表现为能够解决面对的问题和挑战，关心家庭、学校、社会和自然环境，了解和认同社会规范，有丰富的社会情感和基本的生活能力。三个方面由近及远，前者是后者发展的基础，后者的发展又反过来推动前者的发展。

健康自我的特征可以分为表现性特征、本质性特征和反省性特征三个层面。表现性特征是可以直接感受到的描述性特征，如积极应对问题、善于倾听、敢于表达自己的想法等；本质性特征是决定表现性特征的根源性内容，也是让表现性特征具有本质意义的特征，如在倾听中协调自己和他人的需要，从而产生爱和理想等；反省性特征体现自我的反身性，属于"元认知"，也就是通常所说的"自我意识"，主要包括情绪觉察、对需要是否合理的意识、对事实与意见即客观与主观的区分等。

"健康自我成长"总体上说也存在三个层次：情绪能力的发展、社会情感的发展和道德的发展。情绪能力主要指情绪觉察能力、情绪理解能力和情绪调节能力；社会情感是对社会的了解、认同，尤其是对社会对自己成长的意义的理解；道德是对自己、他人和对社会、自然的责任感。这三个层次体现了人从本能控制的自我走向社会性的自我然后走向道德自我的过程，是以自我的本质内涵的变化为划分标准的。

青少年尚处于发展阶段，其心理健康教育要以道德健康为方向，即要让他们初步理解爱、责任和理想是人生活的意义和获得幸福的原因。同时，青少年的道德健康要以心理健康为基础，也就是要让他们在保证自己安全和力所能及的情况下承担责任，在与人相处的过程中、在集体生活中逐渐产生社会情感。

学生对自我的认识以及学生自我的成长离不开家长、老师和同学等重要他人。"学生健康自我成长课程"从来不是学生独自学习的课程，而是师生一起学习的课程，也是孩子和父母一起学习的亲子课程。

"学生健康自我成长课程"的性质、目的与目标

本课程是在前面整体理解"自我""健康自我"及"健康自我成长"内涵的基础上设计的。性质是课程的定位，目的和目标是课程的灵魂，内容结构和活动是

课程的载体，后面谈到的互动、体验和练功①是课程的机制。

"学生健康自我成长课程"的性质是心理成长课程，但又有其特殊性

本课程是心理成长课程，关注学生内心世界的成长，也就是相对于"身"的"心"的成长。

我们关注学生道德的形成，但本课程将道德形成的心理基础作为主要目标，即将情绪觉察、情绪理解和情绪调节作为目标，将社会情感的形成和丰富作为目标，将对自我的灵魂的理解即爱和理想作为目标。

为什么不称其为"心理健康课"或者"心理成长课"，而是将其命名为"学生健康自我成长课程"呢？本课程是以对"自我"的理解为理论基础的，强调健康自我的整体性发展，即健康自我成长是以对"自我"的两个密码——需要密码和反应密码的理解和调整为轴心的螺旋式上升的过程。本课程与其他心理课程有很多相似之处，但具体内容和课程结构有自己的界定。

"学生健康自我成长课程"的目的是有层次的，并决定了课程内容的结构

本课程总的目的是帮助学生理解健康自我和形成健康自我发展能力。围绕这个总的目的，将健康自我内容的三个方面以及健康自我成长的三个层次结合起来考虑，形成四个层次的目的：第一层次的目的是要帮助学生学会情绪觉察和情绪理解，并让他们理解自我的两个密码，形成对自我的基本认识；第二层次的目的是要让学生理解美好的情绪情感，学会人际交往；第三层次的目的是丰富学生的社会情感，让学生理解融情商和智商为一体的大智慧；第四层次的目的是让学生在新的自我认识的基础上开始自我规划，成为负责任的自我。

本课程的整体内容结构主要是按照以上四个层次的目的安排的。

进一步说，"学生健康自我成长课程"的根本目的是学生幸福感的获得和健康自我发展能力的形成，即让学生在学习过程中获得幸福感，形成健康自我发展能力，实现真正的健康成长。获得幸福感包括能够有效地解决自己的问题、理解

---

① 本书中的"练功"指让学生自觉地将健康自我的知识和技能落实为一系列的行为习惯，练出健康自我的行为反应模式。

自己和他人、丰富自己的社会情感、让自己的心灵变得越来越滋润等。对应"幸福"目的，本课程在内容结构上有一个特殊的安排，即在关注问题解决的同时，还关注学生以怎样的心态解决问题。因此，我们在课程内容中增加了学生对美好情感的回忆，并使其在解决问题的过程中重视"美好回忆"的作用。

"学生健康自我成长课程"的目标

健康自我三个层面的特征（表现性特征、本质性特征和反省性特征）从理解健康自我的角度看是相对独立的，但是从目标实现的角度看，三者必须齐头并进、相互交融。让学生形成真实的、可持续的健康自我发展能力，是本课程的目标。如果学生能够理解表现性特征与本质性特征互为表里的关系，掌握具有本质意义的知识和技巧，就会形成真实的健康自我，而不是表面的健康自我。如果学生能够不断进行自我觉察和反思，就能看到自己成长的需要、成长的过程、成长带来的变化和成长的意义，就会不断地推动自我的发展，形成主动的、可持续发展的健康自我，形成健康自我发展能力。

"学生健康自我成长课程"的设计原则

本课程设计中我们主要遵循了以下几个原则。

以螺旋式上升保障健康自我成长及其同一性

课程是为学生成长设计的通道，对应"成长"，这个通道应该是自然"上升"的，而且"上升"是持续的，是前后"同一"的。这里的"同一"是心理学"自我同一性"中的"同一"，有统一、整合和自我确认的含义。这种"上升"在课程设计中通常被称为螺旋式上升，是课程设计的难点，也是我们努力的重点之一。要理解螺旋式上升，有两个关键点："螺旋"是什么？螺旋围绕的"轴"是什么？回答这些问题的过程实际上就是确定课程设计原则的过程。

发展与基础相结合的原则。成长是有层次的，是能够感受到"拔节"的。有了多个层次的考虑，教育的"引领"以及学生的"成长"才可能发生。但是，层次不是截然划分的。例如，在帮助学生理解"情绪觉察"的时候，需要帮助学生理解情绪觉察的意义、情绪觉察与情绪调整的关系，否则，学生会被动地进行情绪觉察。这样的安排实际上是以情绪觉察为重点的从情绪发生到调整过程的小的循环。这个循环不是水平的，而是从基础到发展、从过去向未来的自下而上的循环。这就是螺旋式上升。在这个过程中，学生在教师的带领下不断在过去中看到未来，又在当下的发展中体会过去基础的意义，这样的螺旋式上升保证了学生的"成长"。

以自我密码为轴心的原则。上升的"轴"是什么？自我同一的核心是什么？就是自我的两个密码：需要密码和反应密码。随着内容的丰富和拓展，对需要密码和反应密码的理解会不断丰富和加深；反过来，对需要密码和反应密码的不断理解又会统整越来越丰富的内容，让自我在丰富的同时，避免碎片化现象，内容得到整合，内核得到加强，成长的能力得到发展。

自我发展的原则。相信学生有自我发展的能力，并创造条件让学生实现自我发展。没有自我的主动发展，就不是自我的成长。这里要说明的是，教师要时刻收集客观信息诊断学生的成长需要和可能的进步幅度，而不要凭主观臆断低估或高估学生。

要为学生的"主动的看得见的成长"创造条件

以真实问题的解决为主要学习方式的原则。只有在解决面临的真实问题的时候，学生才会全身心投入地为自己而学，才会感受到成长，才会理解学习的意义。这样的主动是真正的主动。在本课程中，我们坚持将真实问题的解决作为学习与活动的主要方式，故事和游戏等其他方式只是课程的"配料"和"升华"。

以真实的成长需要决定内容取舍的原则。成长需要一定的挑战，让学生感受到自己"拔节"的过程。学生面对挑战时，一方面，解决这些有难度的问题是他们的真实需要；另一方面，解决这些有难度的问题也是他们愿意冲破重重困难的最强动力。问题解决中所蕴含的有效的实践逻辑和智慧一旦被揭示出来，学生完全可以感受和理解。由此可见，让学生接受挑战既有客观必要性，也有现实可能性。

要让学生同时看见外在和内在变化的原则。自我的成长要让学生自己看得见。首先是能够解决学生面临的真实问题，其次是要在解决问题的过程中帮助学生形成问题解决的能力。在这里，"问题解决能力"不是抽象的，它在本质上就是形成适合自己、他人以及外在环境的一系列反应模式，也就是一系列"功夫"。再往深处看，学生还要看见反应模式调整的背后有自己需要的调整和才能的调整，包括毅力和自信的变化。也就是说，学生不仅能看到当下的问题解决，还能看到内在的对未来更有意义的健康自我的成长。

让学生在"意义"的推动下学习

首先是有意义教学的原则。本课程中的教学过程不是过去的"知识技能—练习"过程，而是"真实问题—意义—知识技能—练习"的过程。从问题和意义开始，让学生自己生成解决问题的办法，充分尊重了学生的自尊，这样的过程才是一个健康自我成长的过程。

其次是重视情绪的积极运用的原则。在问题解决过程中，我们既重视情绪的控制，也重视情绪的积极运用。我们教给学生身心放松术，也觉得美好的回忆更能让人平静。我们希望学生有直面问题的勇气和能力，更有因为美好而形成的积极的情怀和心态。

最后是真实学习的原则。本课程的课堂是开放的，有大量的学生讨论，我们鼓励和期待学生表达生活中的真实困惑，让学生的真实自我充分发展，从而避免配合教师和成人要求的虚假自我的形成。

以活动为主要形式，以互动、体验和练功为成长的基本机制

成长是需要机制的，因此对健康自我成长机制的认识也是进行课程设计所需要的基本认识之一。成长需要活动，而且是真实问题解决的活动，不仅有外显的行为，更有心理活动。活动是形式，互动、体验、练功等是机制。人的存在是社会性存在，自我需要的满足常常与他人有关，因此，互动是自我成长所需要的基本机制。体验是情绪情感发展或者说自我唤醒的基本机制，本课程中的"情景再现""情绪剧场"等都是课堂体验活动的形式。练功是学生成长的根本机制，没有练功，学生的学习会停留在认知上，无法转化为能力。本课程所设计的各课时的练功分享、两次"大功"的练功分享以及最后汇集的《健康自我成长·学生练功作品集》，都将鼓励学生坚持练功，感受练功带来的成长。

以嵌入的方式进行系统知识和技能的教学

问题解决是外在的成长，问题解决能力的形成是内在的成长，而后者是需要设计的。本课程将系统的知识和技能学习嵌入真实的问题情境中，让学生在问题解决的过程中自然生成和总结出系统的知识和技能。我们在教学用书编写中遇到的最重要也最艰难的工作首先是对"健康自我成长"的系统理解，然后将这种系统理解转化为学生所需要的具体知识和技能，并将其明确为目标，设计出相应的活动。这样设计出来的活动不是碎片化的，可以保证学生在活动中获得系统的知识和技能。

"学生健康自我成长课程"的特色

本课程的资源包括教学用书、学习手册以及今后要创设的练功分享平台。这是一套拿起来就能用，但需要长期坚持学习的课程，具体来说，有以下特色。

教育理论工作者与一线教师合作完成，实现理论与实践的结合

明晰教育者的理想、理念和了解孩子们的生活是编写教学用书的两个基本条件，因此，教育理论工作者与一线教师是编写教学用书的最好搭档。"学生健康自我成长课程"就是由北京教育学院学生发展研究中心的研究者与几所项目基地校的教师们合作编写的。大家一起研究、一起学习、一起编写教学用书、一起试教、一起讨论修改。这是一个美好的理论与实践相互促进、从无形（仅有想法）到有形（落实到活动）的过程，是一个共同成长的过程。

站在使用者角度，对教学过程进行了相对完整的设计

本课程的每个单元、每一课时都有清晰的目标，表达明确而且便于操作；活

动与目标的对应保证了教学的方向性；指出了难点及突破难点的方法；说明开展活动要准备的材料并尽可能提供；有从"开课了"到"我学到了"全过程的具体设计，有每个环节如何引导的"说明"；每个课时都提供了相应的理论依据，每册教学用书都提供了参考文献；配合每册教学用书设计了教学用的PPT……。这些都保证了教学用书"拿起来就能用"，不仅老师能用，家长也能用。

每册书一个主题，便于集中学习和练功

本课程每册书都有一个主题，让学生在一个学期内完成相对完整的某一方面知识、技能的学习和练功，使学生能够在一学期结束时感受到自己的成长。

本课程每学期共10个课时，前8个课时是系统学习，每周1个课时，连上8周；后2个课时是两个"大功"的练功分享，可以隔3周上一次，间隔期间每周安排一些时间让学生们自己交流练功的情况。练功是成长的基本方式，我们重视学生的练功分享，期待他们在练功中成长！

学习手册是学生自学的参考，也是健康自我成长"秘笈"

学习手册的内容包括学习目标、主要学习内容、课堂练习以及课后练功记录；有生动的插图，也留出空间供学生记录练功情况。随着学习的进行，学习手册将成为学生学习和练功情况的完整记录，也是学生的健康自我成长"秘笈"。

课程设计螺旋式上升，需要坚持长期学习

本课程虽然每册书有一个主题，但核心内容都是围绕对情绪及其背后的自我的理解展开的，有很强的内在联系。因此，对本课程来说，系统学习效果会更好。系统学习和练功需要坚持，教师引导、同伴学习、亲子学习都会给长期坚持提供助力，更重要的动力来自学生在长期坚持学习的过程中所感受到的自身的成长。

以系统思考为基础进行设计

本课程之所以能够形成以上特色，是因为我们经历了对"健康自我成长"的

系统思考以及对课程设计和实施的系统思考。我们相信，系统的课程才真的能"拿起来好用"，才能帮助学生形成和发展能力。

感谢和期待

"学生健康自我成长课程"是我们从 2012 年开始在这一领域学习、研究、再学习、再研究，长期积累形成的成果。

在这个过程中，研究精神分析学派的专家和临床心理分析师给我们做过讲座，为我们对"健康自我"形成相对系统的认识提供了帮助；通过系统学习台湾芯福里情绪教育推广协会的"EQ"课程，我们对于情绪课程有了具体的感受，对理论与实践如何结合也有了鲜活的体验。

我们的学习、研究和"学生健康自我成长课程"的编写得到了北京教育学院领导的大力支持，学院为此专门设立了研训一体化的项目。项目的开展得到了基地校所在区县的领导的大力支持，领导们出席了项目启动会，有的区县领导还阶段性地调研基地校的项目进展情况。基地校的校长和老师们是在完成本职工作之余承担课程研究和教学用书编写任务的，他们付出了太多！项目成果的整理和出版得到了教育科学出版社教师教育编辑部的大力支持。

对帮助过我们的贵人们，对与我们同行的同志们，我们在此深表感谢！

期待"学生健康自我成长课程"能够让学生受益，期待他们在每一节课上、每一次练功中都能获得实实在在的成长和幸福感！

本册编者对您说

学生健康自我的发展和幸福成长是我们课程的根本目标。获得幸福需要能力，需要相应的知识与方法，我们称之为"幸福法宝"。

经过"学生健康自我成长课程"第一册《我的情绪辞典》、第二册《我是密码高手》、第三册《我的美好时光》的学习，学生有了基本的情绪觉察能力，对情绪和自我的关系有了初步的理解，还体验了生活中的各种美好。在此基础上，我们在本册中将教给学生获得幸福的相关知识和方法，从不同层面和不同角度帮助学生获得幸福。因此，本册的书名是《我的幸福法宝》。在课程目标上，我们将进一步引导学生觉察不同的情绪，感悟它们的美，引领学生更加深入地理解情绪和自我的关系，发展学生的健康自我，增强学生获得幸福的能力。

第一单元是"拥抱'五颜六色'的情绪"，引导学生对比有情绪和没有情绪的情景，让他们理解有情绪的重要性，进而接纳各种不同的情绪。同时，让学生进一步理解各种情绪与自我的关系，初步获得调整情绪的能力，也就是跳起抑扬顿挫的情绪舞蹈的能力，并从中获得幸福。第二单元是"我有一双明亮的眼睛"，让学生理解分辨事实和意见对于幸福的重要性，理解意见是由情绪和偏见两种有色眼镜造成的，进而帮助学生掌握摘掉这两种有色眼镜的方法。同时，让学生学会根据自己的反应密码预测可能的风险，自制"望远镜"，减少或避免人际交往中的冲突。这一单元概念比较多，要注意概念之间的逻辑关系，更要注意让学生在真实的情境中体会和理解概念。另外，反应密码是学生之前学过的，要借助学生以往的学习经验帮助他们理解新的内容。第三单元"随心而动"中第五课时"听从内心的声音"是一节亲子课。这节课要让学生和家长一起体会成功与幸福的区别，在大众更关注成功的当下，唤起大家内心对幸福的渴望，让学生和家长共同"定一个幸福的目标"。这对于学生发展获得幸福的能力是非常重要的。由于是亲子课程，需要老师提前做好相关准备，营造一种温馨民主的课堂氛围。第三单元第六课时是"随情而行"，引导学生体会和理解不同的情绪背后有不同的需要，随情而行能满足内心的需要，是有价值的。同时，提醒学生随情而行要注意做到"三不伤"，尽可能得到他人的理解。第四单元是"幸福思维"。幸福思维是与科学思维相对应的，科学思维求客观、讲严格，幸福思维要幸福、讲包容。因此，对他人评价高一点点，对自己要求低一点点，大家会更幸福。要让学生认识到，在与他人发生冲突的时候，不要"非黑即白"，而要问一句"你怎么了"（我扭一扭）或者适当表达"我怎么了"（请你扭一扭）。让学生学会换位思考，从而避免或减少情绪的困扰，提升幸福感。在这里，老师要特别注意避免假大空的说教，引导学生在真实的情境中获得体验，顺其自然地得到领悟。第五单元是"'大功告成'：我的练功单元"，帮助学生集中练习"跳起我的情绪舞蹈"和"定一个幸福的目标"两个"大功"，推动学生养成日常练功的习惯，真正实现个人成长。

　　本书中单元与单元之间、课时与课时之间是相互关联的。老师们在运用本书时，要注意各单元和各课时之间的联系，不能将其割裂。同时，要特别注意通过引导学生解决现实问题来提升他们获得幸福的能力。更要注意的是，在课堂上，要让学生在解决现实问题的过程中体会"幸福法宝"所带来的幸福，这是让本书内容走进学生心灵的关键。要让学生在课堂上得到幸福的体验，但这种幸福不是营造出来的，而是学生在运用"幸福法宝"解决问题的过程中获得的，因此，这种幸福是深刻的，是伴随幸福能力获得的。

CONTENTS | 目 录

第一单元

拥抱"五颜六色"的情绪

单元目标

1. 理解有情绪的重要性。

2. 知道各种各样的情绪能够让生活丰富多彩，能悦纳不同的情绪。

3. 了解情绪没有好坏之分，不同的情绪有不同的功能，负面情绪也是有价值的。

4. 体会情绪中的抑扬顿挫，会跳自己的情绪舞蹈，感受自我成长之美。

单元内容结构

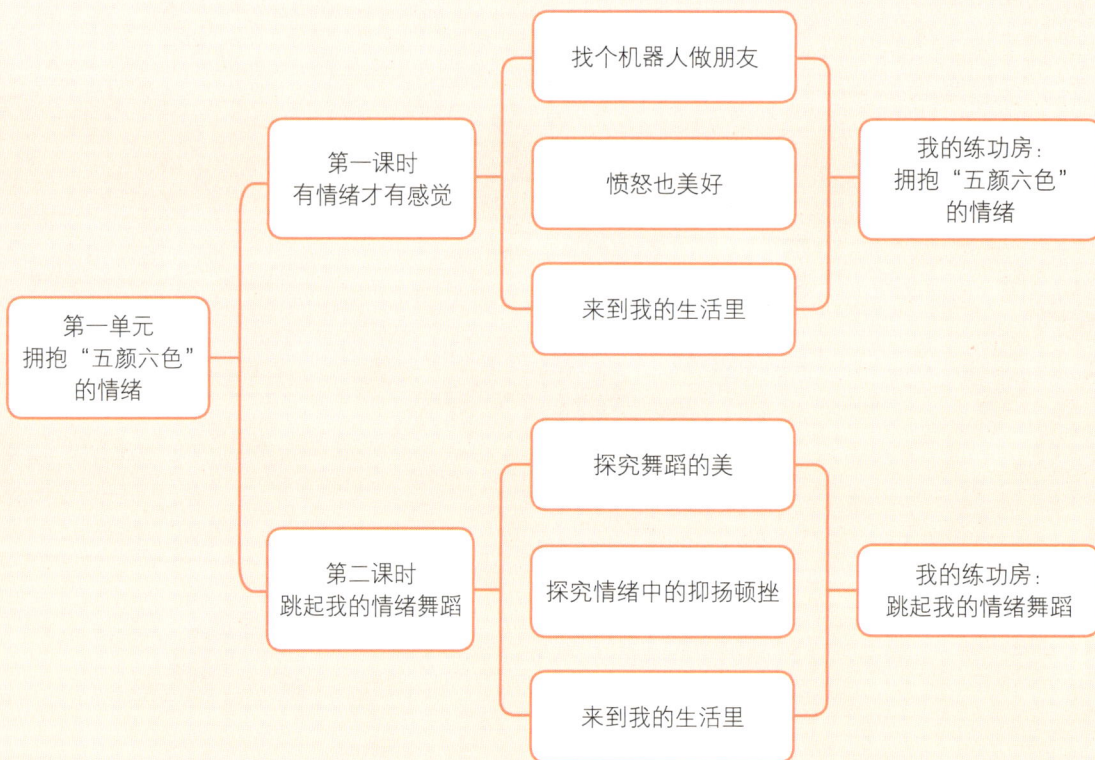

```
                                              找个机器人做朋友
                                                                        我的练功房：
                        第一课时                愤怒也美好                拥抱"五颜六色"
                        有情绪才有感觉                                    的情绪
                                              来到我的生活里
第一单元
拥抱"五颜六色"
的情绪
                                              探究舞蹈的美
                        第二课时                                        我的练功房：
                        跳起我的情绪舞蹈        探究情绪中的抑扬顿挫       跳起我的情绪舞蹈
                                              来到我的生活里
```

第一课时　有情绪才有感觉

课 时 目 标

1. 体会有情绪才有感觉。

2. 理解负面情绪的表达也是有意义的，知道表达负面情绪要做到"三不伤"。

3. 知道每种情绪都是有意义的，能够悦纳不同的情绪。

4. 理解不同的情绪让我们的生活五彩缤纷。

活 动 安 排

名称	目标	准备	难点
活动一　找个机器人做朋友	目标 1	彩笔	理解为什么跟机器人一起玩没意思
活动二　愤怒也美好	目标 2 目标 3	无	理解负面情绪也有价值
活动三　来到我的生活里	目标 3 目标 4	无	理解每种情绪都是有意义的

日 常 修 炼

四级功夫第一招：拥抱"五颜六色"的情绪。

理论依据

情绪感受对生活中数不胜数的个人选择起着导向性的关键作用。强烈的感觉可以破坏理性，对感觉没有意识也会带来破坏作用，尤其是在衡量影响我们人生基本方向的重要决定的时候，比如从事什么样的职业，继续维持一份安稳的工作还是跳槽到风险更高但更有趣的地方，和谁约会或结婚，在哪里居住，租哪间公寓或买哪处房子等人生中的诸多问题。面对这些问题，我们光凭理性难以做出决定，还需要直觉，以及由过去的经验累积而成的情绪智慧。要决定和谁结婚或应该信任谁，乃至从事什么工作，仅仅以程式化的逻辑为决策基础是行不通的。在这些重要的领域，没有感觉辅佐的理性相当于睁眼瞎。[1]

开课了（5分钟）

各位同学，大家好！很高兴我们又见面了。这学期我们继续学习健康自我成长课程。请大家打开《我的幸福法宝学习手册》，读一读老师写给你们的信吧。

在上册书《我的美好时光》中，我们学习了"欣赏团队交响之美"，大家在假期也进行了练功。谁愿意分享一下假期里你发现的团队交响之美？

---

[1] 戈尔曼. 情商 [M]. 杨春晓，译. 北京：中信出版社，2010：62.

"欣赏团队交响之美"练功单

团队活动内容	团队成员	情绪反应模式		
		情绪的正负向	情绪强弱	情绪持续度

【说明】教师出示"欣赏团队交响之美"练功单，请学生自由发言。

同学们，经过前面的学习，我们对情绪有了很多了解，例如刚才在练功分享中提到的情绪的正负向、强弱和持续度等，也积累了不少情绪词语。现在，请大家思考一下：我们在生活中需要情绪吗？说起"有情绪"，你通常会想起什么？是不是觉得有情绪不好？有情绪通常指的是有负面情绪，但负面情绪就一定不好吗？有情绪可以是正面的吗？今天这节课，就让我们一起来探讨这些问题吧。

【说明】在日常生活中，"有情绪"往往是说一个人有负面情绪，因此带有批评的意味。在这里要让学生明白此"有情绪"非彼"有情绪"。

活动一　找个机器人做朋友（10分钟）

1 情景故事

找个机器人做朋友

小天和小新是一对好朋友，他们经常在一起玩儿。有一次，他们在公园玩滑板，小天说："小新，我们去荡秋千好不好？"小新说："我不想去，滑板我还没玩够呢。"小天很不开心，自己气鼓鼓地去荡秋千了。自己荡秋千真没意思，于是，小天闷闷不乐地回家了。

回到家的小天依然不开心，爸爸看到了，问他："小天，你怎么了？"小天生

第一单元 第二单元 第三单元 第四单元 第五单元

气地说："小新不肯跟我一起去荡秋千，他只想玩滑板，我很生气！"爸爸笑着说："我刚研发出一款百依百顺机器人，你可以试试跟这个机器人做朋友。""百依百顺机器人？"小天瞪大了眼睛问。爸爸看着他吃惊的样子，笑眯眯地说："对呀，这款机器人没有个人的喜好，只要你提出要求，它都会说好。""好呀好呀，我要跟它做朋友。"听到有这么好的玩伴，小天又兴奋起来。

第二天，爸爸把百依百顺机器人带回了家。小天给机器人起名叫"方方"。小天想去玩滑板，就对方方说："方方，我们一起去玩滑板吧。"方方说："好的。"玩了一会儿，小天觉得没意思，说："方方，我们去荡秋千吧。"方方说："好的。"荡了一会儿秋千，小天还是觉得没意思，又说："方方，我们一起回家画画吧。"方方说："好的。"

小天带着方方回到家里，拿出彩笔认真地画起来。画着画着，小天停了下来。画一朵什么颜色的花好呢？小天拿不定主意，于是问方方："方方，你说这里画一朵红花好吗？"方方说："好的。"小天又问："画朵黄花会不会更好呢？"方方又说："好的。"小天终于爆发了："我说画红花你说好，我说画黄花你也说好，你到底喜欢什么颜色呀？"方方平静地说："我是机器人，没有自己的喜好。你说什么好，就是什么好。"小天无奈地叹了口气，感到失望极了，也没兴致继续画了。

他开始怀念跟小新在一起的日子，就连跟小新吵架似乎都变得很美好……

2 讨论

（1）请同学们三人一组，分别扮演小天、小新和机器人方方，演一演故事的第一段、第三段和第四段中的情节，之后请扮演小天的同学说一说和"小新"、"方方"一起玩时分别有什么感受。

【说明】这部分的表演，主要是为了让扮演小天的同学体会与"小新"和与"机器人方方"互动的区别。机器人的扮演者特别重要，一定要做到没有情绪的回应。如果学生把握不了机器人的无情绪状态，教师可以扮演机器人，邀请两名学生一起给大家表演。表演过程中要特别关注小新第一次热情地邀请机器人去玩滑板时，机器人机械地回答"好的"给小新带来的情绪变化。小新是满怀期待的，而机器人的反应是没有情绪的，因此小新会很失落。连续几次失落之后，小新才会有最终的爆发。如果没有前期的这些铺垫，小新的爆发就会显得很唐突。

（2）跟机器人方方一起玩时，小天要做什么方方都陪他，小天开心吗？为什么？

【说明】这是要讨论的重点问题。在讨论中可以结合前面的角色扮演，让学生认识到机器人没有情绪，跟没有情绪的人在一起，即使不产生冲突也会觉得没意思。

教师要引导学生根据故事中两处"没意思"来判断小天并不开心。抓住"机器人都按照小天的要求做，他为什么还是不开心"这个问题，引导学生理解：跟朋友在一起，情绪的表达很重要，没有情绪交流，朋友在一起就不会有愉快的感受。

（3）小天为什么会怀念跟小新在一起的日子？

【说明】因为小天跟机器人方方在一起觉得没意思。

教师可以先出示下面两组图：

① ● + ● = ●　　　● + ● = ●　　　● + ● = ●

② ○ + 🤖 = ？

第一组图，两种颜色相加变成一种新的颜色。结合图，让孩子谈一谈自己的经历：自己原本有什么情绪，遇到他人的什么情绪，然后自己的情绪发生了什么变化。例如"愤怒 + 愤怒""开心 + 开心"等。

第二组图，让学生结合刚才的表演说一说，自己开心或愤怒的情绪遇到机器人无情绪时，自己的情绪会发生什么变化，进而帮助学生理解：我们和朋友在一起时，情绪会相互感染，快乐情绪的叠加会让我们觉得更加快乐，即使朋友和我们情绪不同，我们也能感受到自己的情绪得到了回应；跟机器人在一起，无论是开心还是烦恼，都得不到回应，没有情绪的回应，我们就会觉得没意思。因此，情绪的共鸣很重要。

另外，要引导学生接受"冲突"——朋友间产生冲突比没有朋友好。那怎么解决冲突呢？在此，教师可以提醒学生用以前学过的知识解决这个问题：朋友间产生冲突是因

第一单元
第二单元
第三单元
第四单元
第五单元

为不同人有不同的需要，需要是情绪的密码，可以用"友谊密码"解决冲突问题。还要让学生体会冲突也是有意义的，争执也能增进朋友间的相互了解、相互适应，能促进友谊，所以，冲突也快乐。

3 活动小结

（1）有情绪才有滋味，才有感觉。

（2）不同的情绪让我们的生活五彩缤纷。

活动二　愤怒也美好（10分钟）

生活中我们会产生很多种情绪，愤怒就是其中一种。愤怒是不好的情绪吗？愤怒需要表达吗？我们一起来看看下面的故事。

1 情景故事

愤怒也美好

教室里，同学们在安静地上自习课。"你干吗？"一声大喊打破了这份宁静。紧接着，"啪"的一声，有东西掉到了地上。老师和同学们循声望去，发现声音来自一贯内向文静的小曼。此刻，她身子转向后方，正怒气冲冲地盯着后面的小强。小强捡起被小曼摔在地上的笔袋，一脸诧异地看着发火的小曼。

老师赶紧走过去，轻声问道："怎么回事？"小强抢先说："小曼把我的笔袋摔到了地上。""他老揪我头发，呜……"小曼涨红了脸，刚说一句，就忍不住哭了起来。老师连忙安慰小曼，同学们也纷纷对小曼表示关心。

"小强，你为什么揪小曼的头发？"老师问。"我就轻轻拽了一下，没使劲儿。"小强低声辩解着。"你明明是使劲儿揪的，疼着呢！"小曼更生气了，大声反驳。

老师问小强："你是第一次揪小曼的头发吗？"小强低下头，不说话。

老师又问小曼："小强揪你头发，你觉得很疼，这一点你跟他说过吗？"小曼说："我跟他说过，让他别再揪我头发了，可他就是不听。"

老师又问小强："小曼跟你说过不要揪她头发吗？"小强不好意思地点点头。

"那你为什么不停止这种行为呢？如果别人总是揪你的头发，你会有什么感受？"老师有些生气，语气也变得严厉起来。小强的头低得更低了。

老师接着问小曼："你为什么不早点告诉老师呢？"小曼也低下了头，轻声说："我不敢。"老师摸着小曼的头，温柔地说："不用害怕，觉得委屈你要说出来，否则，别人就不知道你受了委屈呀。"小曼轻轻点点头。

老师接着鼓励小曼说："你现在就走到小强面前，郑重地告诉他他揪你头发时你的感受，好吗？"小曼点点头，走到小强面前，郑重其事地说："小强，你天天揪我头发，我特别疼。我觉得你是故意欺负我，我很生气。请你不要再揪我头发了。"

小强满脸通红，羞愧地说："对不起，我再也不揪你头发了。"

从那以后，小强果然再也没有揪过小曼的头发。

2 讨论

（1）小曼为什么会发火？

【说明】这个问题就是要讨论小曼为什么会产生愤怒的情绪。学生会直接从故事中得出答案——小强揪小曼的头发。这时，教师要进一步追问：被小强揪头发会让小曼产生什么感觉呢？学生可能会说"疼"（生理感觉），还可能会说"愤怒"（心理感觉）。教师要引导学生进一步分析这种愤怒的心理感觉产生的原因。学生可能会说"小曼觉得自己受欺负了"，此时，教师要指出，"受欺负"就是一种不公正，愤怒可以带来反对不公正和保护自己的勇气。

（2）小强为什么不再揪小曼的头发了？

【说明】因为小曼表现出了愤怒的情绪，让小强知道自己的行为让别人生气了。从另一个角度说，愤怒的情绪表达出来才能让对方知道他的错误和别人的力量，从而解决问题。因此，愤怒也美好。该生气的时候就生气，要适时、合理地表达自己的愤怒情绪。

（3）小曼表达愤怒的方式恰当吗？为什么？

【说明】可以让学生两人一组，分别扮演小曼和小强，表演一下小曼摔小强的笔袋和小曼与小强郑重沟通两个情节，表演后让扮演小强的学生说一说"小曼"两次表达情绪时自己的感受，还可以请两组学生分别向大家展示两个情节的表演。然后，引导学生用"三不伤"分析：在第一个情景中，小曼摔了笔袋，伤了物。

③ 活动小结

愤怒是负面情绪，表达愤怒是有意义的，但表达愤怒要做到"三不伤"。

活动三　来到我的生活里（5分钟）

同学们，我们知道了有情绪才有感觉，有情绪才能推动人的行动，因此，情绪是有意义的。我们每个人都有各种不同的情绪故事，你能根据自己的情绪故事来说一说每种情绪的意义吗？

【说明】让学生根据亲身体验，说一说自己经历的具体的事情，在这件事中自己的情绪以及产生这种情绪对自己的意义。

活动小结

每种情绪都是有意义的，要悦纳各种情绪。

我学到了（5分钟）

（1）有情绪才有滋味，才有感觉。

（2）不"打"不相"识"，冲突也快乐。

（3）每种情绪都是有意义的，要悦纳各种情绪。

（4）负面情绪的表达也是有意义的，表达负面情绪要做到"三不伤"。

（5）不同的情绪让我们的生活五彩缤纷。

我的练功房（5分钟）

四级功夫第一招：拥抱"五颜六色"的情绪。

同学们，从学习这册书开始，我们的情绪功夫就升级为四级功夫了！三级功夫都是和美好回忆、美好憧憬有关的，四级功夫则是关于"幸福法宝"的。

1 练功目的

了解自己和他人各种不同的情绪并理解这些情绪的意义。

2 练功要领

（1）觉察自己和他人的各种情绪。

（2）理解不同情绪的意义，从而悦纳各种情绪。

（3）注意情绪表达要做到"三不伤"。

我的练功房

情绪故事	情绪词语	情绪色彩	情绪的意义

第二课时　跳起我的情绪舞蹈

课时目标

1. 体会和理解舞蹈中抑扬顿挫的美。

2. 体会和理解情绪中的抑扬顿挫。

3. 欣赏抑扬顿挫的情绪变化中不同情绪的美，进一步理解不同情绪的意义。

4. 感受情绪抑扬顿挫的过程是自我控制和自我成长的过程，体会自我成长的幸福。

活动安排

活动名称	目标	准备	难点
活动一　探究舞蹈的美	目标1	舞蹈视频	对"顿"和"挫"的理解
活动二　探究情绪中的抑扬顿挫	目标2 目标3 目标4	五线谱	提炼出情绪词语，在五线谱上标注不同情绪的位置；体会情绪调整的背后是自我的成长，感受自我成长的幸福
活动三　来到我的生活里	目标3 目标4	无	讲述自己的情绪故事，重点要说出自己的情绪变化过程

日常修炼

四级功夫第二招：跳起我的情绪舞蹈。

理 论 依 据

　　情绪能够帮助有机体做出与环境相适宜的行为反应，从而有利于个体的生存和发展。根据 Oatley 和 Johnson-Laird 的观点，情绪是在进化过程中个体对来自环境的各种挑战和机遇的适应。[①] 我们认为，情绪的适应功能不仅体现为某一种情绪在环境适应中的作用，还体现为一系列情绪变化在环境适应中的作用。

　　此外，在本课程中我们认为，情绪的调整和变化过程实际上是自我需要和反应模式的调整和变化过程，积极主动的情绪调整过程是接纳各种情绪和情绪变化的过程，是健康自我成长的体现。

开课了（5分钟）

我还记得

　　同学们还记得上节课的主题是什么吗？我们都学了什么？

　　【说明】从这节课开始，"开课了"这个环节主要分三个小环节："我还记得"帮助学生回忆上节课学到了什么，与上节课总结中"我学到了"的内容一致；"练功分享"让学生分享练功情况；"导入新话题"引入新的内容。后面每节课都是这样设计的，形成一个程序，帮助学生养成良好的学习习惯。

① 傅小兰 . 情绪心理学 [M]. 上海：华东师范大学出版社，2016：11.

主题：有情绪才有感觉

（1）有情绪才有滋味，才有感觉。

（2）不"打"不相"识"，冲突也快乐。

（3）每种情绪都是有意义的，要悦纳各种情绪。

（4）负面情绪的表达也是有意义的，表达负面情绪要做到"三不伤"。

（5）不同的情绪让我们的生活五彩缤纷。

练功分享

上节课我们学习了"拥抱'五颜六色'的情绪"，谁愿意分享一下自己的练功成果？

【说明】这部分是很重要的，在上节课可能有的学生对愤怒的意义还没有理解到位，通过分享过去一周的练功经历，学生可以更好地理解各种情绪的价值和作用。在这个环节，教师要引导学生根据练功目的和练功要领评价自己的练功情况。

导入新话题

同学们，通过上节课的学习，我们体会到了有情绪的重要性，理解了每种情绪都是有意义的。其实，各种情绪不仅有意义，还都有自己独特的美呢！这节课，让我们一起来探究情绪的美吧。

活动一　探究舞蹈的美（10分钟）

1　欣赏舞蹈

同学们，我们先来欣赏一段舞蹈。这是一段蒙古族舞蹈，体现了蒙古族人民坚韧的品质和积极的生活态度。在欣赏的过程中，请你找一找舞蹈中的抑扬顿挫。

【说明】教师可扫描本书前面的二维码，下载教学用PPT，找到相应的舞蹈视频。舞蹈中的抑扬顿挫就是舞蹈中起承转合的过程，既有舒缓也有收紧，既有洋溢也有控制，学生可以根据自己的感受来做出判断。

抑　　　扬　　　顿　　　挫

2　讨论

（1）刚才的舞蹈你们喜欢吗？你们觉得这段舞蹈哪里美？

【说明】根据学生的描述，帮助学生理解舞蹈中的抑扬顿挫。"抑"指降低、控制；"扬"指升高、抒发；"顿"指停顿、反思；"挫"指转折、新问题、新起点。

（2）在舞蹈的抑扬顿挫中，你觉得哪种动作最美？我们编舞的时候可不可以只选择自己喜欢的动作？为什么？

【说明】在舞蹈中，各种动作缺一不可。舞蹈的美在于抑扬顿挫的变化的美，如果只是重复我们喜欢的动作，舞蹈就没有美感可言了。就像生活中我们会品尝各种味道的美食，但如果天天吃同一种美食，即使开始很爱吃，慢慢地也会觉得它不再是美味了。

3　活动小结

舞蹈的美在于它能将不同的动作组合起来，体现抑扬顿挫的变化。

活动二 探究情绪中的抑扬顿挫（15分钟）

同学们，抑扬顿挫让舞蹈那么美，我们的情绪也有抑扬顿挫，让我们一起来感受一下。

1 情景故事

俊俊的情绪舞蹈

数学课上，老师把单元测试卷发了下来。俊俊拿到试卷，惊喜地发现自己考了98分。她激动极了，刚想大声喊出来，一转头，看到小新正埋头悄悄地折着试卷，想要把成绩盖起来。俊俊立即想到小新可能没考好，于是，她马上控制住想要大喊的冲动，开始安静地听老师讲课。

终于放学了，一进家门，俊俊就跳到妈妈面前，骄傲地说："妈妈，我进步了！我数学考了98分，比上次多了10分呢！""你真棒！"听到这个好消息，妈妈也开心极了。俊俊哼着小调，蹦蹦跳跳地回到自己的房间，放下书包，又一次拿出试卷。她看着卷子上的分数，想到自己考试时再三审题和检查，又想起上次考试时因为马虎丢了不少分，默默地对自己说：

妈妈，我进步了！

"真棒！我一定要保持踏实认真的习惯。"接着，俊俊看了看扣掉的两分。她发现丢分的题正是自己没有掌握的知识点，惋惜的同时也有点兴奋：正好可以把自己的知识漏洞补一补，下次就有希望得满分了。想到这里，俊俊拿出书本，开始认真地复习。

2 讨论

（1）在这个故事中，俊俊最主要的情绪是什么？

【说明】俊俊最主要的情绪是开心，这是她情绪舞蹈的主旋律，但开心的这种情绪是在不断变化的。开始时俊俊看到自己考了98分很开心，看到小新没考好以后她就压抑了自己开心的情绪。"抑"的美是什么？是和谐的美、自我控制的美。回到家里以后，俊俊开心的情绪完全释放了。"扬"的美是什么？是舒畅的美、自我满足的美。

（2）随着故事的发展，俊俊都产生了哪些情绪？你能试着把她的情绪变化过程用音符的形式画到下面的五线谱上吗？

俊俊的情绪舞蹈

| 惊喜 | 安静 | 开心 | 平静 | 兴奋 |

【说明】俊俊的情绪变化过程应该是惊喜→安静→开心→平静→兴奋。以上只是提供一个参考，学生可能会有不同的理解，只要合理就可以。

在俊俊的情绪舞蹈中，"抑"体现为压抑了开心的情绪；"扬"体现为完全释放了开心的情绪；"顿"体现为开心的情绪在反思中渐渐平静；"挫"是"转折"，体现为发现新的问题有些兴奋。

教师可以引导学生讨论"抑"和"挫"的美，然后放手让学生自己讨论"扬"和"顿"的美，也可以考虑让学生分组选择其中一个讨论。

"抑"的美的分析：①和谐的美，跟小新很和谐；②没耽误听课；③自我的成长：

做情绪的主人，没有让自己被情绪牵着走，因自我控制能力提升而获得成就感。

"挫"的美的分析："挫"是"挫折"中的"挫"，当我们遇到问题时需要进行自我调整，解决了问题我们就成长了，"挫"的后面是"折"，也就是转变，可以说"挫"就是一个节点，其中孕育着新的目标、新的起点。

有的学生可能不喜欢"抑"的情绪，教师可以引导学生体会情绪的抑扬顿挫中各种情绪之间的关系。第一，压抑会让人感觉不舒服，但要想想如果不压抑某些情绪结果会如何，而压抑带来的是什么。显然，在这个故事里，如果俊俊不压抑开心的情绪，可能会和小新产生冲突，开心就会变成不开心，而压抑则会让开心存在心里，以后可以抒发。第二，抑扬顿挫中不同情绪的美可以通过当下感受之美和前后情绪变化的韵律之美两个方面体会：当下感受既有具体感受，也有更为内在的自我成长的感受，以体现本课程的宗旨；韵律之美就是抑扬顿挫之美。第三，在情绪的美的体验中引导学生进一步理解每种情绪都是有意义的。

我们将俊俊在"惊喜"之后几种情绪的具体分析写在五线谱下的表格中。

俊俊的情绪舞蹈			
情绪主旋律	开心		
情绪	安静	开心	平静	兴奋
情绪舞蹈	抑：开心的压抑	扬：开心的充分抒发	顿：反思和整理	挫：发现新的问题和目标
当下感受之美	和谐之美	舒畅之美	平静之美	希望之美
	自我控制之美	自我满足之美	自我成长之美	自我激励之美
韵律之美	有抑才有扬	扬帆才能起航	有静才有思	新的起点

【说明】自我满足之美是关注自我，是一种情绪的释放。自我成长之美蕴含着对自己进步的肯定，还可以是找到问题后对自己未来新的进步的期待。

同学们，这就是俊俊以开心为主旋律的抑扬顿挫的情绪舞蹈，真的是很美！

3 活动小结

（1）各种情绪都有自己的美。

（2）我们在生活中需要对自己的情绪做适当的调整。

活动三 来到我的生活里（5分钟）

你会跳自己的情绪舞蹈吗？说一说你的情绪舞蹈中的抑扬顿挫吧。

活动小结

面对一件事，我们会产生一些情绪，情绪也会不断变化。静下心来，我们能慢慢体会到情绪的流淌。

我学到了（3分钟）

（1）"抑"指降低、控制；"扬"指升高、抒发；

"顿"指停顿、反思；"挫"指转折、新问题、新起点。

（2）情绪也有抑扬顿挫，我们要跳起自己的情绪舞蹈，享受情绪舞蹈之美。

我的练功房（2分钟）

四级功夫第二招：跳起我的情绪舞蹈。

1 练功目的

主动调整自己的情绪，让自己更幸福。

第一单元 第二单元 第三单元 第四单元 第五单元

2 练功要领

（1）描述自己的情绪故事。

（2）觉察自己情绪的主旋律。

（3）觉察自己情绪变化的过程，用恰当的情绪词语表达出来，并用音符的形式画到五线谱上。

（4）写出每种情绪带给自己的美的感受。

【说明】学生在练功时说出一种美的感受就可以了。

我的练功房

跳起我的情绪舞蹈			
情绪故事			
情绪主旋律			
情绪			
情绪舞蹈			
美的感受			

第二单元
我有一双明亮的眼睛

单元目标

1. 体会区分事实与意见能减少冲突，提升幸福感。

2. 能够区分事实和意见：事实是对事情的客观描述；意见是主观想法，往往带有主观判断词语。

3. 理解并能摘掉两种有色眼镜：情绪和偏见。

4. 掌握摘掉有色眼镜的方法：第一，通过觉察语言中带有主观判断的词语摘掉情绪、偏见两种有色眼镜；第二，通过观察和询问获取事实。

5. 理解反应密码三个维度六个方面的利与弊。

6. 了解自己的反应密码以及需要注意的风险，自制"望远镜"的"镜片"。

7. 学会针对目标自制"望远镜"，让风险走、幸福来。

单元内容结构

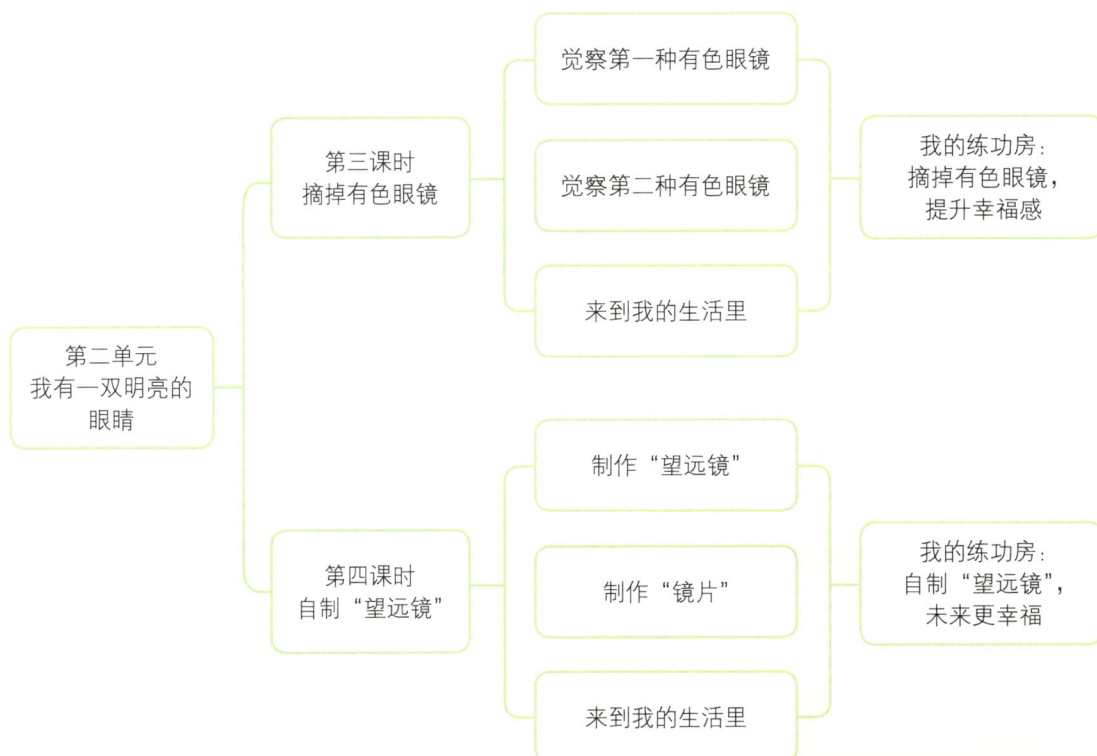

第三课时 摘掉有色眼镜

课 时 目 标

1. 体会区分事实与意见能减少冲突，提升幸福感。

2. 能够区分事实和意见：事实是对事情的客观描述；意见是主观想法，往往带有主观判断词语。

3. 理解并能摘掉两种有色眼镜：情绪和偏见。

4. 掌握摘掉有色眼镜的方法：第一，通过觉察语言中带有主观判断的词语摘掉情绪、偏见两种有色眼镜；第二，通过观察和询问获取事实。

活 动 安 排

活动名称	目标	准备	难点
活动一　觉察第一种有色眼镜	目标1 目标2 目标4	提前排练情景剧	体会区分事实与意见能减少冲突，提升幸福感；找到觉察有色眼镜的方法（觉察带有主观判断的词语和观察、询问）
活动二　觉察第二种有色眼镜	目标1 目标3 目标4	无	区分偏见和情绪，进一步掌握摘掉有色眼镜的方法
活动三　来到我的生活里	目标1 目标2 目标3 目标4	准备2—3个案例	从实际生活出发，体会区分事实与意见可以给自己带来快乐和幸福

日 常 修 炼

四级功夫第三招：摘掉有色眼镜，提升幸福感。

理 论 依 据

　　根据弗洛伊德的学说和沟通分析理论，每个个体在其出生的时候，都带着原始的本能和情绪，弗洛伊德称其为"本我"，沟通分析理论将其命名为"儿童"。个体出生后在父母教育和外在环境的影响下长大，学习和形成了很多原则和看法，弗洛伊德称其为"超我"，沟通分析理论将其称为"父母"；长到一定时候，个体会逐渐发现自己的看法或者原则与客观事实的偏差，发现自己的情绪对自己看清事实的影响，开始产生了弗洛伊德提出的协调本我和超我的"自我"，具有了收集事实证据、排除主观看法和情绪的影响做出判断的能力，沟通分析理论将其称为"成人"。

　　从以上两个学说中都可以看到，协调外在客观环境和主观认识是一个人的重要能力，其中看清客观事实是关键。因此，我们将区分事实与意见的能力作为健康自我成长的重要内容，它也是幸福法宝之一。

　　事实就是事情的真实情况，是对事情的客观描述，意见就是根据已有的经验和情绪形成的对人对事的主观看法。也就是说，影响人们看清客观事实的原因主要有两个：一是经验带来的偏见，二是当下未被察觉的情绪。为了便于学生理解和把握，我们将二者称为两种有色眼镜。

开课了（4分钟）

我还记得

大家还记得上节课我们学习的主题是什么吗？我们都学了哪些内容？

主题：跳起我的情绪舞蹈

（1）"抑"指降低、控制；"扬"指升高、抒发；"顿"指停顿、反思；"挫"指转折、新问题、新起点。

（2）情绪也有抑扬顿挫，我们要跳起自己的情绪舞蹈，享受情绪舞蹈之美。

练功分享

四级功夫第二招"跳起我的情绪舞蹈"你练得怎么样了？快来和我们分享一下你的情绪舞蹈吧。

导入新话题

同学们，请戴上你们手中的红色卡片眼镜，看看大屏幕是什么颜色；请你们摘掉眼镜，再看看大屏幕是什么颜色。看来，有色的眼镜是会骗人的，它让我们无法

第一单元

第二单元

第三单元

第四单元

第五单元

看到事实真相。在生活中，有色眼镜也常常会影响我们的判断。今天，就让我们在健康自我成长课堂上一起摘掉有色眼镜。

活动一 觉察第一种有色眼镜（15分钟）

1 情景表演

他踩了我的尺子

课堂上，同学们聚精会神地听老师讲课。

忽然，"啪"的一声，小天的尺子掉到了前面小强的课桌旁边。小天看到妈妈刚给自己买的尺子掉在了地上，心疼坏了。他想去前面捡尺子，又怕老师看到说自己随便离开座位，举手吧，老师正讲得慷慨激昂，也不好打断。他只能坐在座位上，眼巴巴地望着心爱的尺子。

这时，小天看到小强的一只脚踩到了他的尺子上，一下、两下、三下……，看到心爱的尺子被小强脏兮兮的鞋底踩得面目全非，小天顿时火冒三丈，顾不得多想，就用拳头重重地捶了小强一下。

小强回过头来，气呼呼地问："你干什么？"

小天反问："你干吗踩我尺子？"

"谁踩你尺子了？我是想帮你捡尺子！"小强解释道。

"我明明看到你踩了，你还不承认！"小天听到小强辩解，更生气了，又用拳头重重地捶了小强一下。

小强也生气了，转过来也给了小天一拳。

老师看到了，赶紧走过来，问："你们俩干吗呢？怎么上课还打起来了？"

小天气呼呼地说："老师，小强故意使劲儿踩我的尺子，还一直踩、一直踩，把我的尺子都踩坏了！"

老师转向小强："你说说是怎么回事。"

小强一脸委屈地说："他尺子掉地上了，我好心想帮他捡起来，因为手够不着，才想着用脚去够过来，结果小天看到了，不但不领情，还打我，非说我踩了他的尺子。"

小天听了小强的话，心里……

2 讨论

（1）小天听了小强的话，心里会怎么想？

【说明】小天错怪了小强，心里会觉得对不起小强。

（2）小天是怎么错怪小强的？

【说明】引出事实与意见：小强是在用脚够尺子，而小天认为小强在踩尺子。这时候可以聚焦在"踩尺子"上，让学生演示一下：如果是故意踩尺子，小强的动作是什么样的；如果是用脚够尺子，小强的动作又是什么样的。

（3）小天为什么会错怪小强？

【说明】通过上一个问题的讨论和演示，让学生认识到，小天错怪小强的主要原因有两个：观察不仔细；受当时情绪（看到心爱的尺子被踩，又心疼又着急）的影响。

（4）小天责怪小强的话"小强故意使劲儿踩我的尺子"中，哪些词体现了情绪？改掉这些词之后，这句话是什么样的呢？

【说明】先让学生自己讨论。"故意"和"使劲儿"都体现了情绪，"踩"也带有断定的色彩。这些词是带有评价性的形容词或动词，是主观的。去掉或改变这些词之后，表述就相对客观了，如"小强的脚放在我的尺子上了"。

（5）在当时的状况下，小天怎样做更好？

【说明】首先，要通过觉察语言中带有主观判断的词语，摘掉情绪这种有色眼镜。

其次，要通过观察和询问，获取事实。两者之中观察更佳，既能获取客观事实，也不会伤害同伴。

我们可以通过下面的表格来整理一下这个故事。

小天看到的	小天以为的	实际情况	小天这样做更好
小强的脚放在他的尺子上	小强故意使劲儿踩他的尺子	小强在用脚够尺子	先摘掉情绪这种有色眼镜，再仔细观察并询问小强

3 活动小结

（1）事实是对事情的客观描述；意见则是主观想法，往往带有主观判断词语。

（2）情绪是影响观察事实的有色眼镜，摘掉有色眼镜的法宝之一是主动觉察自己的情绪。

（3）摘掉有色眼镜的法宝之二是观察和询问，通过更多的观察、询问才能了解事实。

（4）摘掉有色眼镜，看到事实，有助于减少同学之间的冲突，让人感受更多的幸福。

活动二　觉察第二种有色眼镜（10分钟）

1 事实意见我会分

请你判断下面这些语句是事实还是意见，并说明你是根据什么判断的。

（1）这次考试，我考了95分。　　　　　　　　　　　　　（事实）

（2）今天我和朋友度过了愉快的时光。　　　　　　　　　（意见）

（3）我课桌上的垃圾一定是乐乐故意放的，因为他平时就爱搞恶作剧。（意见）

（4）不是每个人都能在运动会上获奖。　　　　　　　　　（事实）

（5）这张卷子上没写名字，字又这么乱，肯定是小天的。　（意见）

（6）我今天可真够倒霉的。　　　　　　　　　　　　　　（意见）

（7）这张试卷上写着95分，不可能是我的吧。　　　　　　（意见）

【说明】主要看是否有主观判断词语。

2 有色眼镜有两种

（1）上面这些语句中，表示意见的几个语句有什么不同？如果让你给它们分类，你会怎么分呢？

【说明】产生意见的原因主要有两个：一是情绪，二是偏见。要引导学生尽可能自己区分。在上面的语句中，第二句和第六句中"我"是戴了情绪的有色眼镜；第三句、第五句和第七句中"我"是戴了偏见的有色眼镜。"偏见"这种有色眼镜隐藏着"因为他/我一直……，所以这次一定也……"的已有经验判断。可以让学生体会偏见中的情绪色彩是不明显的，以帮助他们区分偏见和情绪；还可以借助"情绪是短期的，偏见是长期的"来帮助学生区分。另外，第七句是对自己的偏见，要让学生知道，有对他人的偏见，也有对自己的偏见。

（2）怎样才能摘掉有色眼镜？

【说明】强调先对带有主观判断的词语进行觉察，即觉察自己的情绪和偏见，然后观察和询问，两个方面缺一不可。要结合前面对几个表示意见的语句的分析帮助学生理解。

3 活动小结

（1）有色眼镜分两种：情绪和偏见。

（2）摘掉有色眼镜的方法是觉察自己的情绪和偏见以及认真观察和询问，二者缺一不可。

（3）摘掉有色眼镜，才能减少冲突，提升幸福感。

活动三　来到我的生活里（6分钟）

在生活中，你是否也曾因为不能区分事实和意见而与他人产生冲突，让自己变得不快乐了呢？现在回想一下，你当时戴了哪种有色眼镜？如果再遇到这样的事情，你会怎么做？

活动小结

摘掉有色眼镜的办法是：觉察带有主观判断的词语；学会观察和询问。

我学到了（2分钟）

（1）分辨事实和意见有助于减少冲突，提升幸福感。

（2）事实是对事情的客观描述；意见是主观想法，往往带有主观判断词语。

（3）有色眼镜分两种：情绪和偏见。

（4）摘掉有色眼镜要做到两点：第一，主动觉察自己的情绪和偏见；第二，学会观察和询问。二者缺一不可。

（5）我们要摘掉有色眼镜，减少冲突，提升幸福感。

我的练功房（3分钟）

四级功夫第三招：摘掉有色眼镜，提升幸福感。

1 练功目的

能够分辨事实和意见，并能分辨出意见是情绪导致的还是偏见导致的，掌握获取事实的方法，让自己更幸福。

2 练功要领

（1）找出生活中因不能区分事实和意见带来的困扰。

（2）觉察自己戴的是哪种有色眼镜。

（3）通过观察和询问得到事实。

我的练功房

我看到的	我以为的	觉察有色眼镜	观察和询问	减少冲突，提升幸福感
小明把我的作业本扔到地上	小明故意把我的作业本扔到地上	愤怒的情绪	通过观察和询问，我知道小明是想帮我交作业，作业本不小心掉在地上了	和小明沟通后，我感谢他的帮助，我们的友谊更深了

【说明】教师通过举例，帮助学生理解练功表格，尤其要提醒学生的是，不仅要觉察，还要观察和询问。

第一单元

第二单元

第三单元

第四单元

第五单元

第四课时　自制"望远镜"

课 时 目 标

1. 理解反应密码三个维度六个方面的利与弊。

2. 了解自己的反应密码和需要注意的风险，自制"望远镜"的"镜片"。

3. 学会针对目标自制"望远镜"，让风险走、幸福来。

活 动 安 排

活动内容	目标	准备	难点
活动一　制作"望远镜"	目标1 目标3	无	从故事情境中提取解决问题的方法，即自制"望远镜"四步法
活动二　制作"镜片"	目标1 目标2	调整座位，以便于开展反应密码风险预报赛	理解反应密码的每个方面都有利弊，并且能趋利避害
活动三　来到我的生活里	目标2 目标3	无	将学到的方法与生活实际相结合，尤其是与要实现的目标相结合

日 常 修 炼

四级功夫第四招：自制"望远镜"，未来更幸福。

理 论 依 据

本节课的理论依据主要是沟通分析理论对"成人"（与我们的"健康自我"一致）的分析和情绪反应的三个维度及其特征（我们称之为自我的反应密码）。

沟通分析理论认为："'成人'的一种功能是'可能性估计'，这种功能在小的时候发展很慢，而对大多数人来讲，甚至终生都很难把握住它。儿童经常面临很多不愉快的选择（例如，不吃掉菠菜就别想吃冰激凌等），儿童对可能性的探索得不到任何激励。不探索事物发生的可能性会造成今天许多人际沟通的失败，而未预料到的危险信号要比预料到的危险信号产生更多的'成人'衰退或延误。……可能性估计的能力可以通过意识的努力得以提高。如同身体的肌肉，'成人'可以通过训练和使用得以成长，并提高效率。如果'成人'对可能发生的麻烦保持敏感性，那么一旦有问题出现，马上能找出应对的办法。"[①]

以 Russell 的情绪唤醒模型[②]（即愉悦与否和激活与否）和 Plutchik 的情绪三维结构模型[③]（强度、相似性和两极性）为基础，借鉴台湾芯福里情绪教育推广协会杨俐容等编写的"EQ 武功秘笈"第二册《我真的很不错》中的情绪本质、情绪强度和情绪持续度三维分析[④]，我们提出情绪的三个维度，并将每个人不同的情绪反应模式称为反应密码。也就是说，每个人不同的反应密码是由情绪三个维度的不同特征构成的，例如有些人的情绪反应是正向 + 强烈 + 短暂，而有些人的则是负向 + 强烈 + 持久。

在此基础上，我们将情绪反应三个维度的风险预测与沟通分析理论

第一单元

第二单元

第三单元

第四单元

第五单元

---

① Harris. 沟通分析的理论与实务：改善我们的人际关系 [M]. 林丹华，周司丽，译. 北京：中国轻工业出版社，2013：31.
② 傅小兰. 情绪心理学 [M]. 上海：华东师范大学出版社，2016：8-9.
③ 傅小兰. 情绪心理学 [M]. 上海：华东师范大学出版社，2016：40.
④ 杨俐容，杨雅明，黄瑞瑛，等. 我真的很不错：提升孩子的自我概念 [M]. 嘉义：耕心文教事业推广有限公司，2015：77-78.

中"成人"的可能性估计的能力结合起来，作为健康自我发展能力的一项重要内容。

开课了（3分钟）

我还记得

　　大家还记得上节课的主题是什么吗？我们学了哪些内容？

> **主题：摘掉有色眼镜**
>
> （1）分辨事实和意见有助于减少冲突，提升幸福感。
>
> （2）事实是对事情的客观描述；意见是主观想法，往往带有主观判断词语。
>
> （3）有色眼镜分两种：情绪和偏见。
>
> （4）摘掉有色眼镜要做到两点：第一，主动觉察自己的情绪和偏见；第二，学会观察和询问。二者缺一不可。
>
> （5）我们要摘掉有色眼镜，减少冲突，提升幸福感。

练功分享

　　四级功夫第三招"摘掉有色眼镜，提升幸福感"同学们练得怎么样？请和我们分享一下吧。

导入新话题

上节课我们摘掉了有色眼镜，减少了冲突，使我们的生活又多了一点幸福。我们不仅要面对当下的冲突，也可能会遇到未来的风险。假如我们能看到未来的风险并避开风险，我们会更幸福。今天老师要和同学们一起制作一种能看到风险的新工具——"望远镜"。

活动一 制作"望远镜"（15分钟）

1 情景故事

同学们，还记得我们在《我是密码高手》一书中看到的故事《为什么会这样》吗？让我们一起来回顾一下。

为什么会这样

学校组织校外实践活动，小天、小曼和小美三人一组，和其他组比赛，看哪个组最先到达帐篷处（需要先找到帐篷，然后三人一起过去）。他们站在山坡上，很快就发现山坡底下有一顶帐篷。小曼立即欢呼着往下跑，小美也跟着往下跑。小天拧着眉看着远处的帐篷，对她俩喊道："下坡路陡，危险，我们还是慢点儿……"小曼和小美没听他说完就跑了下去。刚跑一半，小曼就被石头绊倒崴了脚。他们只好停下来，小天和小美搀扶着小曼，慢慢走到帐篷那儿。没能抢先到达，小曼还崴了脚，他们三人互相抱怨起来。

2 讨论

（1）故事结尾，他们互相抱怨，你觉得他们抱怨了什么？请同学们讨论一下，上台演一演。

【说明】教师可以举一个例子，供学生参考。

小曼：（埋怨小天）你怎么不早说！

小天：我说了你们也不听呀。

小曼：那也不能像你一样那么慢啊！

小美：就你跑得快，结果还摔倒了。

小曼：你刚才也跟着我跑，现在怎么又跟着小天责怪我？

……

（2）为什么他们最后输掉了比赛？

【说明】要引导学生从故事中得到结论。要赢得比赛需要做到既跑得快又保障安全，可是他们每个人的情绪反应模式（反应密码）都有不足，都只考虑了其中一点。情绪反应模式的不足，就是未来的风险。教师可以出示下表的表头，借助表格帮助学生思考。在使用表格时，教师主要分析每个人反应密码的风险。在讨论的过程中，学生很可能会指责小美没有主见、左右摇摆，教师可以引导学生体会小美反应密码的美好之处，让他们认识到：团队需要黏合剂，若各持己见，也无法达成一致意见。

人物	情绪反应	根据集体目标觉察他们反应密码的风险
小天	只想到了安全	会因速度慢而输掉比赛
小曼	只想到了速度	会因不安全而输掉比赛
小美	观点不明确，左右摇摆，是团队"跟随者"	没有主见和目标，不能提出正确的观点，从而使团队输掉比赛

（3）请你帮助他们团队想一想：怎样才能在比赛中获胜？

【说明】首先，需要从最终目标出发，克服每个人反应密码的不足，同时利用其优点。其次，引导学生思考：故事中谁应该给自己制作"望远镜"以规避风险呢？小曼、小美和小天都应该给自己制作一个"望远镜"。

结合故事内容，他们可以按以下几步来调整：第一，找到目标；第二，觉察自己的反应密码；第三，分析自己的反应密码对实现目标而言的美好之处和风险所在；第四，调整自己的反应密码，规避风险。我们将这个过程形象地称为自制"望远镜"的"四步法"。

第一单元

第二单元

第三单元

第四单元

第五单元

3　活动小结

（1）每个人的情绪反应模式（反应密码）都有美好和风险两个方面。

（2）了解自己的反应密码是很重要的。

（3）根据目标分析和调整自己的反应密码，就能规避风险。

（4）用"四步法"自制"望远镜"，美好未来看得见。

活动二　制作"镜片"（12分钟）

1　回忆反应密码

刚才我们分析了故事中几个角色的反应密码，每个人的反应密码都不一样。同学们还记得我们在《我是密码高手》一书里从故事《吃冰棍儿》中总结出来的反应密码的三个维度六个方面吗？

> 正向：容易感受到生活中令人开心的事情。
> 负向：容易感受到生活中令人不舒服的事情。

> 强烈：面对事情情绪反应比较大，容易表现出来。
> 微弱：面对事情情绪反应比较小，表现不明显。

> 持久：情绪比较稳定，保持时间较长。
> 短暂：情绪比较多变，保持时间很短。

【说明】不用回忆故事，直接回忆反应密码的三个维度六个方面即可。

2　反应密码风险预报赛

我们知道反应密码有三个维度（正负向、强弱、持续度）六个方面（每个维度有两个方面），从前面的故事我们又知道反应密码的每个方面都有风险。现在我们就来场反应密码风险预报赛，分组讨论一下它们各有什么风险，提出风险多的一方获胜。

进行反应密码风险预报赛时我们要注意以下几点。（1）倾听：倾听别人的主要观点。（2）表达：分享自己的观点。（3）辩论：不同意别人的观点时还可以进行辩论。

第一轮，我们要根据情绪正负向进行分组。觉得自己情绪偏正向的同学一组，觉得自己情绪偏负向的同学一组。

第二轮，我们要根据情绪反应的强弱进行分组。觉得自己情绪反应强烈的同学一组，觉得自己情绪反应微弱的同学一组。

第三轮，我们要根据情绪持续度进行分组。觉得自己情绪持续时间长的同学一组，觉得自己情绪持续时间短的同学一组。

在每一轮风险预报赛中，请同一组的同学坐在一起，向另一组同学预报风险。

【说明】教师说明规则后请学生展开讨论，教师在黑板上写清两方的主要观点，并注意掌握时间。

3 为自己制作"镜片"

同学们，刚才我们预报了反应密码的风险，现在我们要制作规避风险的"镜片"。刚才是为对方预报风险，现在请大家为自己制作规避风险的"镜片"。

【说明】老师出示表头，请同学们讨论过后完善表格。

情绪 正负向	正向	多想想万一……该怎么办，对重要的事情要提前做好准备
	负向	想想自己的目标和优势：我多么希望……，我有……优势
情绪 强度	强烈	启用情绪红绿灯或通过身心放松术等进行调整
	微弱	运用情绪激活术等方法调动自己的情绪
情绪 持续度	持久	多听听别人的意见
	短暂	时常进行反思，记录自己的情绪，不要忘了自己的情绪和自己的需要是什么

以上只做参考，老师要关注学生的生成、学生的智慧，同时要提醒学生：为自己制作"镜片"时要结合现实情境，根据当时的目标来调整。

4　活动小结

（1）反应密码有三个维度六个方面。

（2）每个人的反应密码都有风险，要制作规避风险的"镜片"。

活动三　来到我的生活里（6分钟）

请你以自己要实现的一个目标为例，根据自己的反应密码选出属于你的镜片，然后和同桌交流一下。

我要实现的目标	我的反应密码	我为自己选择的规避风险的"镜片"

【说明】这是引导学生在根据目标挑选"镜片"的过程中了解自己的反应密码。可以通过学生之间的交流，让学生体会每个人的反应密码都是不一样的。

请两组同学分享一下他们交流的情况。

活动小结

每个人的反应密码不同，需要的"镜片"也就不同，所以，每个人的"望远镜"都是不一样的，必须自制"望远镜"，并根据要实现的目标选择合适的"镜片"。

我学到了（2分钟）

（1）反应密码的三个维度六个方面都有各自的美好和风险。

（2）每个人都有自己独特的反应密码，都需要自己制作独特的"望远镜"。

（3）用"四步法"自制"望远镜"，美好未来看得见。

我的练功房（2分钟）

四级功夫第四招：自制"望远镜"，未来更幸福。

1 练功目的

了解自己的反应密码，学会自制"望远镜"。

2 练功要领

（1）了解自己的反应密码并找到属于自己的"镜片"。

（2）根据目标，自制"望远镜"（在不同目标下，"望远镜"所需要的"镜片"可能是不一样的）。

我的练功房

我的情绪故事	我的目标	我的反应密码		
		美好之处	风险所在	根据风险进行调整

第三单元
随心而动

单元目标

1. 体会成功不等于幸福以及情绪情感对于幸福的重要性。

2. 理解成功体现了一个人的能力，而幸福是一种情感需要的满足。

3. 体验情感的丰富性，发展情绪预测能力。

4. 知道幸福要靠自己去争取，首先要定一个幸福的目标，然后要学会和他人特别是和家长沟通。

5. 理解不同的情绪背后有不同的需要，随情而行能满足不同的需要，是有价值的。

6. 知道对于同一件事情不同的人会产生不同的情绪，要接纳不同的情绪，满足各自的需要，从而获得幸福。

单元内容结构

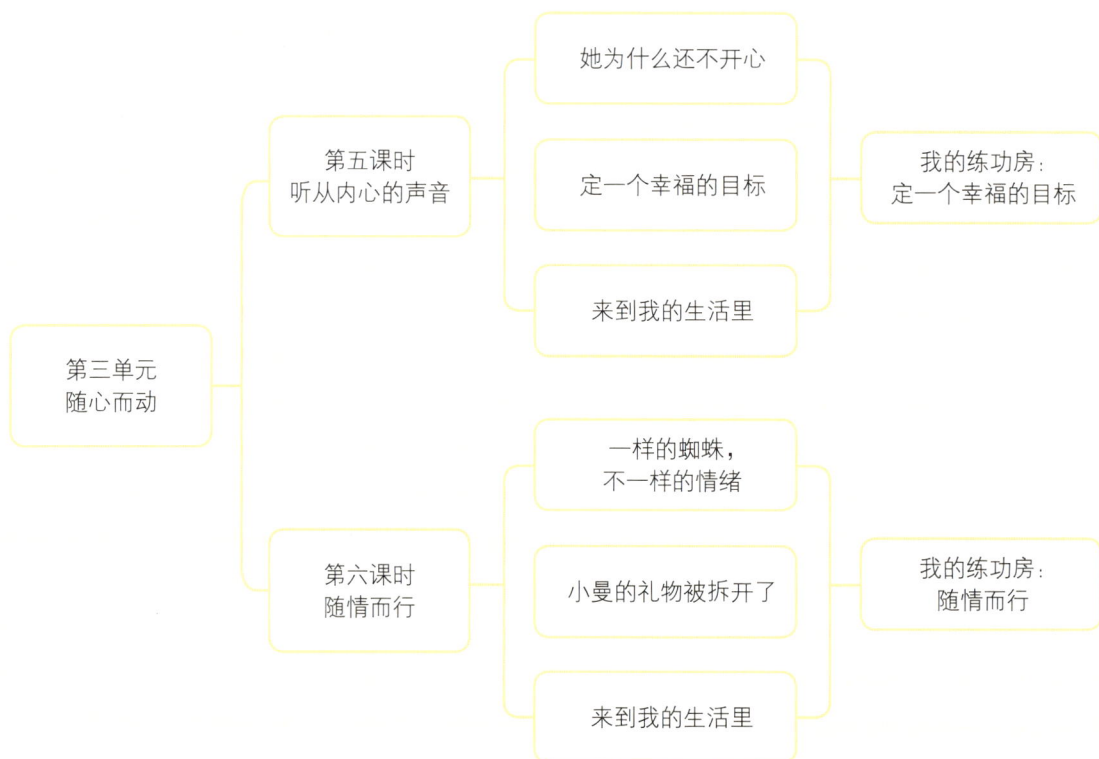

```
                                        ┌─ 她为什么还不开心 ─┐
                   ┌─ 第五课时           │                   │
                   │  听从内心的声音 ─────┼─ 定一个幸福的目标 ─┼─ 我的练功房：
                   │                     │                   │  定一个幸福的目标
                   │                     └─ 来到我的生活里 ───┘
第三单元 ──────────┤
随心而动            │                     ┌─ 一样的蜘蛛，────┐
                   │                     │  不一样的情绪     │
                   └─ 第六课时           │                   │
                      随情而行 ──────────┼─ 小曼的礼物被拆开了┼─ 我的练功房：
                                         │                   │  随情而行
                                         └─ 来到我的生活里 ───┘
```

第五课时 听从内心的声音

课时目标

1. 体会成功不等于幸福以及情绪情感对于幸福的重要性。

2. 理解成功体现了一个人的能力，而幸福是一种情感需要的满足。

3. 体验情绪情感的丰富性，发展情绪预测能力。

4. 知道幸福要靠自己争取，首先要定一个幸福的目标，然后要学会和他人特别是和家长沟通。

活动安排

活动名称	目标	准备	难点
活动一 她为什么还不开心	目标1	提前排练情景剧	理解小曼还不开心的原因，体会成功不等于幸福
活动二 定一个幸福的目标	目标2 目标3	无	想象小曼见到奶奶时的情景，发展情绪预测能力，体验情绪情感的丰富性
活动三 来到我的生活里	目标4	无	给自己定一个幸福的目标，学会和他人特别是和家长沟通

日常修炼

四级功夫第五招：定一个幸福的目标。

理 论 依 据

一般来说，"成功"聚焦现实问题的解决以及问题解决能力或者智慧的发展，而"幸福"则更关注内心需要的满足尤其是滋润心灵的情感需要的满足，关注社会情感能力的发展。当然，也有人将成功定义为获得幸福，实际就是将二者等同起来了，那要另当别论。

人的需要包括物质需要和精神需要，其中精神需要又包含智慧的需要和情感的需要，或者说是成功的需要和幸福的需要，其中幸福的需要的核心是情感的需要。成功更多的是关注自己，是关乎自我的；而幸福关乎与他人的合作，关注与他人的情感交流。

开课了（5分钟）

家长朋友们，大家好！欢迎来到"学生健康自我成长"的课堂。

【说明】本节课是亲子课，家长将和孩子一起讨论成功与幸福的区别，体会幸福的重要性，探讨如何追求自己的幸福。

我还记得

同学们，你们还记得上节课的主题是什么吗？我们学了哪些内容？

主题：自制"望眼镜"

（1）反应密码的三个维度六个方面都有各自的美好和风险。

（2）每个人都有自己独特的反应密码，都需要自己制作独特的"望远镜"。

（3）用"四步法"自制"望远镜"，美好未来看得见。

练功分享

上周我们练习的是四级功夫第四招：自制"望远镜"，未来更幸福。同学们练得如何？和我们分享一下吧。

导入新话题

刚刚我们回顾了上节课所学的内容，这节课，先请同学们和家长一起，来帮帮小曼同学，分析一下她为什么还不开心。

活动一　她为什么还不开心（10分钟）

1　情景表演

今天我邀请四位同学给大家表演一个小短剧。我们先来认识一下剧中的四个人物。

【说明】请表演的四位学生分别介绍一下自己扮演的角色（小曼、小曼妈妈、小曼爸爸以及旁白者）。

她为什么还不开心

旁白：小曼高高兴兴地走进家门，哼唱着自己喜欢的歌曲，礼貌地跟妈妈打招呼。

小曼：妈妈，我回来了。

妈妈：宝贝儿，什么事情这么高兴呀？

小曼：我们啦啦队荣获区级一等奖啦，我可是领队呢！

旁白：小曼拿出自己的奖状向妈妈展示。

妈妈：真棒！祝贺你，也祝贺你们啦啦队！老师也发来了你们领奖的照片，快来看。

旁白：妈妈和小曼两人一起看手机上的照片，这时，爸爸回来了。

爸爸：你们看什么呢，这么高兴？让我也看看。

妈妈：区里啦啦操比赛，小曼她们啦啦队得了一等奖。你来看，这是她们领奖的照片。

爸爸：真是好事，我也有件好事要公布。

小曼：（急切地问）什么好事？

爸爸：今天我拿到咱们新房的钥匙了，你们看！

旁白：爸爸从包里取出一把钥匙，高兴地向小曼和妈妈展示。小曼和妈妈看到了，也特别开心。

爸爸：明天周末，咱们全家一起去家居广场看装修材料去！

旁白：小曼敛去了笑容，转身坐到沙发上，看到了对面照片墙上自己和奶奶的合影。她走过去，把自己和奶奶的合影取下来，低头看着。

小曼：（小声嘟囔）我想奶奶了，奶奶肯定也想我了。

【说明】老师指导学生要表演到位，突出面部表情和动作，尤其要表现出小曼不开心的情绪。

2　讨论

（1）你觉得小曼的情绪发生了什么变化？

【说明】让学生独立思考，用两个以上的情绪词语来描述一下小曼的情绪变化。

（2）小曼的情绪为什么发生了变化？

【说明】让学生先独立思考，再与家长讨论。教师要引导学生思考小曼获得了什么、没获得什么。学生可能会说：有了房子，满足了物质需要；比赛获奖，满足了精神需要。那小曼没有得到什么呢？不能去看望奶奶。去看望奶奶是什么需要呢？学生可能仍然回答是精神需要。此时，教师要进一步引导学生思考：看望奶奶的需要和获奖的需要一样吗？从讨论中引出精神需要还可以分为能力被认可的需要和情感的需要或者说成功的需要和幸福的需要。教师可以引导学生回到啦啦操获奖的情境中，体会获奖只是一种能力被认可的精神需要，而看望奶奶则是一种情感方面的精神需要，从而进一步区分成功的需要与幸福的需要。

3　活动小结

（1）成功不等于幸福。

（2）我们的需要有物质需要和精神需要，精神需要还可以分为能力被认可（成功）的需要和情感（幸福）的需要。

（3）成功的快乐是一种能力被认可的满足，而幸福是一种情感需要的满足。

活动二　定一个幸福的目标（11分钟）

同学们，请你们想象一下：小曼见到奶奶之后会发生什么？小曼与奶奶分别会有什么情绪？奶奶的情绪对小曼会有什么影响？

第一单元

第二单元

第三单元

第四单元

第五单元

【说明】首先，让学生适当发散思考，想象小曼和奶奶在一起的情景，然后预测小曼的各种情绪，发展学生的情绪预测能力。其次，让学生分享小曼和奶奶见面时能体现两人丰富的情绪情感的场景：小曼和奶奶拥抱，小曼欢欣雀跃，奶奶奖励小曼，小曼帮奶奶做家务等。尤其要关注小曼与奶奶两个人情绪的互动：小曼告诉奶奶获奖的事情时，奶奶是什么情绪？当奶奶为小曼感到骄傲时，小曼又会是什么情绪？看到奶奶准备的各种美食的时候，小曼是什么情绪？看到小曼吃得开心的时候，奶奶又是什么情绪？她会做些什么？让家长感受孩子内心对情感的渴望。

我们想象了那么多小曼和奶奶在一起的情景，说明我们已经感受到小曼太想奶奶了，这就是她内心的声音。如果你是小曼，你会不会听从内心的声音？如果听从内心的声音，该做些什么呢？

【说明】听从内心的声音就是在争取自己的幸福，小曼应该争取。那怎么争取呢？教师可以引导学生根据故事先列出小曼家原计划中的目标（注意这里的目标指的是具体的行为目标），然后再加入新的目标。

同学们，我们先来列出小曼家原计划中的目标，然后听从内心的声音定一个新的目标。

小曼家的周末计划表

原目标	新目标
看装修材料	看望奶奶

我们怎么称呼新增的这个目标呢？

【说明】看奶奶是一件幸福的事情，这是一个幸福的目标，争取幸福首先要定一个幸福的目标。

定一个幸福的目标，小曼一个人就能说了算吗？她应该怎么做呢？

【说明】引导学生认识到应该与他人（此处是与家长）沟通。关于为什么要和家长沟通主要有两点考虑：第一，小曼定的幸福目标要得到家长的理解和支持；第二，实现幸福目标的方案，例如什么时候去看望奶奶以及谁和小曼一起去看望奶奶，也要和家长一起商量制订。和家长沟通的内容主要包括两点：第一，表达自己想去看望奶奶的心声，让家长理解；第二，和家长商量一个实现目标的可行的方案。

下表列出了小曼"定一个幸福的目标"的过程。

定一个幸福的目标

成功的事	我的情绪	我内心还有另一种声音	我渴望的	我期待的美好情景	定一个幸福的目标	和他人沟通，制订一个可行的方案
获得了啦啦操比赛一等奖，又拿到了新房的钥匙	开心、高兴、自豪	由于周末要去看装修材料，没有时间看望奶奶了，所以有点不开心	温暖	想象见到奶奶时的美好情景，例如……	周末要去看望奶奶	周末先去看望奶奶，与奶奶分享我们的快乐，再邀请奶奶一起去看装修材料

活动小结

（1）自己的幸福要自己争取。

（2）争取幸福，首先要定一个幸福的目标。

（3）争取幸福要学会和他人特别是和家长沟通，沟通要动之以情，最后还要制订出可行的方案。

活动三　来到我的生活里（10分钟）

你有过在很开心的同时还有点不开心的经历吗？想给自己定一个幸福的目标吗？和我们分享一下吧。

【说明】鼓励学生大胆表达自己的心声。告诉学生："你的幸福也是家长的幸福，他们希望你幸福，希望听到你内心的声音，大胆说出来给家长听吧！正好你的家长在，请你和家长一起定一个幸福的目标并制订一个可行的方案。"最后，请两到三个家庭分享。

在学生的分享中可能会出现都是想奶奶爷爷或者姥姥姥爷的情况，这也在情理之中，但为了拓宽学生对情感需要得到满足的幸福的理解，要引导学生尽可能发现其他幸福：幸福还可以是和好友分享自己的快乐，可以是发展自己的爱好，实现内心的追求。

下表中的两个案例供老师们参考。

定一个幸福的目标

成功的事	我的情绪	我内心还有另一种声音	我渴望的	我期待的美好情景	定一个幸福的目标	和他人沟通，制订一个可行的方案
我这次英语听力测验终于有进步了	高兴、兴奋	想告诉小美我的进步，感谢小美对我的帮助，可是小美这周正好生病没上学	感谢	告诉小美我的进步，谢谢小美帮助我克服了很多困难，看到小美开心的笑容	周末去看望小美	和爸爸沟通，希望得到爸爸的支持，周末带我去看望小美
那么多作业我都做完了，也检查了	骄傲	想去池塘边看看美丽的荷花	美好、放松	看到池塘里白色的、红色的荷花亭亭玉立	和爸爸妈妈一起去池塘边看荷花	和爸爸妈妈沟通，告诉他们我已经完成了作业，希望他们能带我去池塘边看荷花

教师可以帮助学生从两方面理解我们的情感需要是丰富的：一方面，我们有对他人（如爷爷、奶奶、爸爸、妈妈、同学、老师等）的情感，也有对自己的情感；另一方面，幸福的情感中有温暖、感动、舒畅等。此外，也要提示学生：争取幸福要和爸爸妈妈沟通，今后可能还要和其他人沟通。

活动小结

（1）我们的情感需要是丰富的。

（2）争取幸福要和家长、朋友等人进行沟通。

第一单元

第二单元

第三单元

第四单元

第五单元

我学到了（2分钟）

（1）成功不等于幸福。

（2）我们的需要有物质需要和精神需要，精神需要还可以分为成功的需要和幸福的需要。

（3）成功是一种能力的体现，而幸福是一种情感需要的满足。

（4）我们的情感需要是很丰富的。

（5）幸福要靠自己争取。

（6）定一个幸福的目标，学会和他人特别是和爸爸妈妈沟通，让幸福来到。

我的练功房（2分钟）

四级功夫第五招：定一个幸福的目标。

1 练功目的

倾听自己内心的声音，关注自己的情感需要，为自己定一个幸福的目标，并尝试努力实现它。

2 练功要领

（1）倾听内心的声音。

（2）想象美好的情景。

（3）定一个幸福的目标。

（4）和他人特别是和爸爸妈妈沟通。

我的练功房

定一个幸福的目标						
成功的事	我的情绪	我内心还有另一种声音	我渴望的	我期待的美好情景	定一个幸福的目标	和他人沟通，制订一个可行的方案

第六课时 随情而行

课 时 目 标

1. 理解不同的情绪背后有不同的需要，随情而行能满足不同的需要，是有价值的。

2. 知道对于同一件事情不同的人会产生不同的情绪，要接纳不同的情绪，满足各自的需要，从而获得幸福。

3. 知道随情而行要注意做到"三不伤"，尽可能得到他人的理解。

活 动 安 排

活动名称	目标	准备	难点
活动一　一样的蜘蛛，不一样的情绪	目标1	无	无
活动二　小曼的礼物被拆开了	目标2 目标3	无	寻找情绪背后的需要是难点，只要学生表达出产生情绪的原因就可以了
活动三　来到我的生活里	目标2	无	故事的多样性

日 常 修 炼

四级功夫第六招：随情而行。

理 论 依 据

　　沙洛维将"情绪即信息"作为情商的第一原则，他认为："情绪包含了关于你和这个世界的信息。情绪不是干扰思维的偶然的、混乱的因素。情绪之所以会产生是由于存在某些对你十分重要的因素，同时，情绪能够激励你、指导你取得成功。"[①]

　　因此，沙洛维用下面两张表格说明了情绪对于生存的意义和情绪激励行为的方式。

情绪对于我们生存的价值[②]

情绪	激发的行为
恐惧	危险！快跑
愤怒	和他拼了
悲伤	我受伤了，快来救我
厌恶	不要吃，那是毒药
兴趣	让我们四处看看，探索一下
惊讶	小心！注意
接受	为了安全起见，不要离开队伍
快乐	我们合作吧；我们传宗接代吧

[①] Caruso, Salovey. 情商 [M]. 张丽丽, 译 . 北京：高等教育出版社，2016：7-8.
[②] Caruso, Salovey. 情商 [M]. 张丽丽, 译 . 北京：高等教育出版社，2016：9.

情绪激励我们的方式 [1]

情绪	激发的行为
恐惧	现在采取行动以避免消极的后果
愤怒	反对错误与不公平
悲伤	寻求他人的帮助和支持
厌恶	表明你不接受某些事情
兴趣	激励他人进行探索和学习
惊讶	把人们的注意力转移到重要的并且出乎意料的事情上
接受	我很喜欢你，你是我们中的一员
快乐	让我们重复（该种行为）

那么，情绪中包含什么信息呢？我们认为，其中包含着内心的需要以及外部世界是否满足了需要两个方面的信息。情绪是内心需要的信号，我们的各种情绪都在提醒着我们自己内心存在着某种需要，因此，各种情绪都是有意义的。情绪是因内心需要得到或未得到满足而产生的，所以，情绪会推动或者激励我们去探索和满足内心的需要。表面上看，情绪在推动和激励人的行为，实际上，行为背后真正的推动者是内心的需要。面对同一件事情，不同人会产生不同的情绪，这是因为每个人内心的需要不同。需要是客观存在的，随情而行在本质上是对内心需要的尊重。只有满足了内心的需要，情绪问题才能得到解决。面对各种负面情绪，我们不要急于扭转它，首先应该接纳这些情绪，然后再慢慢改变，这就是随情而行的目的所在。

---

① Caruso，Salovey.情商 [M].张丽丽,译．北京：高等教育出版社，2016：10-11.

开课了（5分钟）

我还记得

各位同学，大家好！上节课我们学习的主题是什么？你还记得上节课我们学了哪些内容吗？

主题：听从内心的声音

（1）成功不等于幸福。

（2）我们的需要有物质需要和精神需要，精神需要还可以分为成功的需要和幸福的需要。

（3）成功是一种能力的体现，而幸福是一种情感需要的满足。

（4）我们的情感需要是很丰富的。

（5）幸福要靠自己争取。

（6）定一个幸福的目标，学会和他人特别是和爸爸妈妈沟通，让幸福来到。

练功分享

上节课后你们与家长一起练功了吗？练得怎么样？请和我们分享一下吧。

导入新话题

刚刚我们回顾了上节课所学的内容：理解了成功不等于幸福，知道成功体现了一个人的能力，而幸福是一种情感需要的满足，并学会了定一个幸福的目标，通过和他人尤其是和家长沟通，制订一个可行的方案，最终实现目标、找到幸福。这节课，我们继续围绕幸福，一起看看又有什么新的故事。

活动一　一样的蜘蛛，不一样的情绪（10分钟）

1　情景故事

蜘蛛和六名女生

在一个阳光明媚的下午，同学们正进行大课间活动。六名女生悠闲地说笑着，走到操场的一角。忽然，一名女生尖叫起来："啊！蜘蛛！"大家循声望去，在一棵背阴的树上，结着一张大大的蜘蛛网，一只蜘蛛静静地趴在上面。

小曼　　　　　　　小早　　　　　　　小雨

小美　　　　　　　月月　　　　　　　俊俊

2 讨论

（1）请观察六名女生的表情，猜一猜：她们分别有怎样的情绪？这些情绪有没有对错？

【说明】先让学生自行讨论并回答这个问题。学生可能说出"快乐""悲伤""愤怒""恐惧""惊奇""厌恶"等情绪，教师要不断向随情而行的方向引导，让学生认识到这些情绪没有对错。

（2）如果你也在其中，你会有什么情绪？你能发现自己情绪背后的需要吗？你会怎么做？这样做有什么意义？

【说明】在这一环节，教师收集学生生成的资源，并给予适当的指导，然后通过下面的表格（表格中所列内容仅供参考，学生也可以提出自己的观点）带领学生理解不同情绪的背后有不同的需要，随情而行的意义就在于它能够满足情绪背后的需要。还要让学生进一步理解：由于需要不同，面对同一件事情，不同的人会产生不同的情绪；每种情绪都会推动人做出相应的行为，这些行为对于"三不伤"都是有意义的。

我的情绪	我的需要	我的做法	这样做的意义
快乐	看到蜘蛛	寻找容器把蜘蛛收集起来，进一步观察	进一步了解蜘蛛，满足了兴趣
悲伤	不让那棵树遭殃	清理蜘蛛	扫除了蜘蛛，保护了树

我的情绪	我的需要	我的做法	这样做的意义
恐惧	躲开蜘蛛	尖叫，让朋友来帮忙	躲开了蜘蛛，同时得到了友谊
愤怒	这里不要有蜘蛛这样的脏东西	提醒工作人员，赶走蜘蛛	保护了自己
惊奇	观察蜘蛛网是否结实耐用	认真观察	丰富了自己的见识
厌恶	不看到令人讨厌的东西	离开蜘蛛，赶紧去看美丽的花儿	让自己更喜欢美丽的事物

活动小结

（1）面对同一件事情时，不同的人需要不同，导致他们产生了不同的情绪。

（2）我们要接纳不同的情绪（包括负面情绪），满足不同的需要，从而获得成功和幸福。

活动二　小曼的礼物被拆开了（10分钟）

同学们，在《蜘蛛和六名女生》的故事中我们体会到了随情而行的好处：她们有的得到了友谊，有的丰富了见识，有的保护了自己。下面，老师给你们提供一个情境，请你们小组成员以"我会随情而行"为主题，试着练习一下。

1　小组合作练习

情境：小曼过生日，同学们送给她一份生日礼物，但妈妈把礼物拆开了。

活动要求：（1）请同学们六个人一组；（2）请组内同学每人选择一种基本情绪；（3）假设你是小曼，想想在你选择的这种情

绪下你的需要和做法，并填入下表；（4）填好后组内同学互相交流。

我的情绪	我的需要	我的做法	这样做的意义
快乐			
悲伤			
恐惧			
愤怒			
惊奇			
厌恶			

2 全班分享

哪个小组愿意分享一下你们填好的表格？

【说明】教师引导时要注意四点：第一，让学生理解各种情绪都是合理的，面对同一件事情不同的人产生不同情绪的原因是每个人的需要不同；第二，让学生知道随情而行是有意义的；第三，注意引导学生和"妈妈"沟通时表达要完整，既要表达自己的情绪，也要表达自己内心的需要，这样才能既随情而行又真正得到"妈妈"的理解；第四，建议学生顺着情绪做事，但要记得"三不伤"。

3 活动小结

（1）接纳自己的情绪，因为情绪背后是自己的需要。

（2）随着自己的情绪做事就是在满足自己的需要，随情而行是有意义的。

（3）不同的情绪有不同的意义。

（4）好朋友在面对同一件事时情绪可能不一样，因为需要不一样。

活动三　来到我的生活里（9分钟）

同学们，还是小组合作，你们可以自己创编一个类似于"小曼的礼物被拆开了"的情境，每个人说一说在这一情境下你的情绪、需要、做法及这样做的意义，可以参考下面的表格。

故事情境	我的情绪	我的需要	我的做法	这样做的意义
	快乐			
	悲伤			
	恐惧			
	愤怒			
	惊奇			
	厌恶			

【说明】教师引导时同样要注意四点（参考活动二的说明部分）。学生分享时，教师要认真倾听，看学生是否真的理解了六种基本情绪。同时，教师要引导学生理解其选择的基本情绪体现了自己的需要，要满足自己的需要，从而获得幸福。

活动小结

接纳自己的情绪就是满足自己的需要，随情而行，幸福自然来到。

我学到了（2分钟）

（1）要接纳并尊重自己的情绪，因为情绪背后是自己的需要。

（2）顺着自己的情绪做事就是满足自己的需要，随情而行是有意义的。

（3）不同的情绪有不同的意义。

（4）好朋友在面对同一件事时情绪可能不一样，因为需要不一样。

（5）顺着情绪做事，但要记得"三不伤"。

我的练功房（4分钟）

四级功夫第六招：随情而行。

1 练功目的

体会随情而行的意义在于接纳并尊重自己的情绪，满足自己内心的需要。

2 练功要领

（1）情绪故事要体现自己和他人面对同一件事情时产生了不同的情绪。

（2）接纳自己的情绪，随情而行。

（3）要注意"三不伤"。

我的练功房

随 情 而 行								
情绪故事	情绪		需要		做法		这样做的意义	
	我的	他人的	我的	他人的	我的	他人的	我的	他人的

第一单元

第二单元

第三单元

第四单元

第五单元

第四单元
幸福思维

单元目标

1. 了解拥有幸福思维的重要性。

2. 体验评价他人和制订自己的目标时柔性一点，对人对己宽容，可以增进友谊，获得更多的幸福和成长。

3. 理解改变反应密码才能更好地解决问题，进而获得更多幸福。

4. 认识到面对客观事实，有时积极一点点、自信一点点，会更幸福。

5. 培养表达自己的情绪、感受情绪带来的行为结果的能力，减少冲突，提升幸福感。

单元内容结构

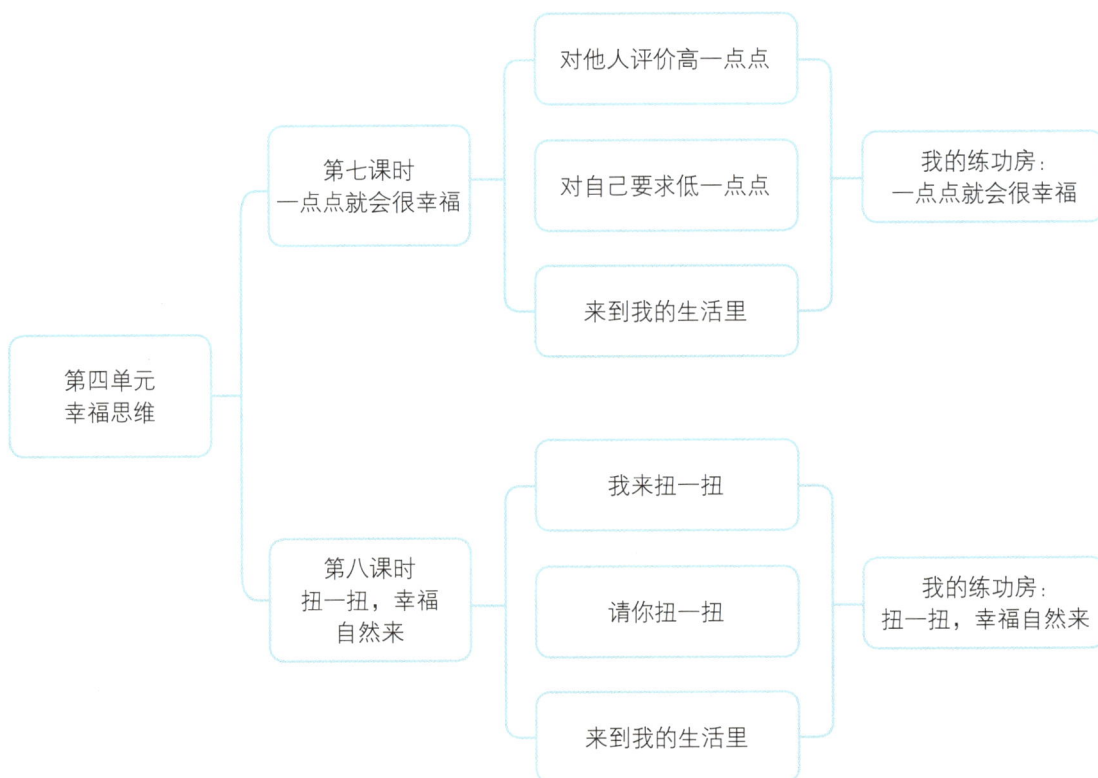

```
                                    ┌─── 对他人评价高一点点 ───┐
                                    │                          │
                  第七课时          ├─── 对自己要求低一点点 ───┤   我的练功房：
                  一点点就会很幸福 ──┤                          ├── 一点点就会很幸福
                                    │                          │
                                    └─── 来到我的生活里 ───────┘
第四单元
幸福思维 ──┤
                                    ┌─── 我来扭一扭 ───────────┐
                                    │                          │
                  第八课时          ├─── 请你扭一扭 ───────────┤   我的练功房：
                  扭一扭，幸福  ─────┤                          ├── 扭一扭，幸福自然来
                  自然来            │                          │
                                    └─── 来到我的生活里 ───────┘
```

第七课时 一点点就会很幸福

课 时 目 标

1. 体会对他人评价高一点点、宽容一点点，会获得更多的幸福和成长。

2. 感受对自己要求低一点点、柔性一点点，会获得更多的幸福和成长。

3. 理解面对客观事实，有时积极一点点、自信一点点，会更幸福。

活 动 安 排

活动名称	目标	准备	难点
活动一 对他人评价高一点点	目标 1	提前排练情景剧	体会对他人评价高一点点，会让对方产生自信并愿意和自己交往，会给自己带来幸福
活动二 对自己要求低一点点	目标 2	无	体会对自己要求低一点点，接纳自己、爱惜自己，会更幸福
活动三 来到我的生活里	目标 1 目标 2 目标 3	准备 2—3 个案例	从生活实际出发，运用所学的知识，让人让己更幸福

日 常 修 炼

四级功夫第七招：一点点就会很幸福。

理 论 依 据

　　科学思维是以发现客观规律及运用规律解决问题为主要目的的思维方式，其主要特征是客观以及衍生出来的严格等。科学思维能给人带来很多好处，例如，能够形成丰富、灵活的问题解决策略，促进能力的提升并让人由此产生自信、自尊等。但是，凡事都运用科学思维，尤其是在与人交往中运用科学思维，会造成很多不愉快。而且，总是用科学思维审视自己，也会减少自身的愉悦感。在某些情况下，科学思维所追求的真实与人们自我感觉良好的愿望相矛盾。

　　幸福（Well-being）是伦理学的研究对象。"美德伦理学所倡导的'成为一个幸福的人'，意味着一个人把自身的功能卓越地发挥出来，把那些成其自身，决定自身而使自身区别于他人的'所是'充分地发挥出来，从而达至一种'是其所是'的兴盛的、完满的生存状态，同时也是一个人真实的生存状态。"[①]

　　幸福思维就是以人自身的幸福作为目的和思维的方向，重视人自身的感受，包括情感的满足、身体的完好和舒适，还有自我成长的快乐。幸福思维的主要特征是对人的肯定、鼓励和包容。

　　因此，我们认为在培养学生科学思维的同时要培养学生的幸福思维。在本单元，我们将从之前学过的反应密码（即情绪的三个维度六个方面）拓展到思维模式。

---

① 李娜 . 当代美德伦理论域下"幸福"概念之诠释 [J]. 求索，2011（1）：110.

开课了（5分钟）

我还记得

大家好！你还记得上节课学习的主题是什么吗？我们学了哪些内容？

主题：随情而行

（1）要接纳并尊重自己的情绪，因为情绪背后是自己的需要。

（2）顺着自己的情绪做事就是满足自己的需要，随情而行是有意义的。

（3）不同的情绪有不同的意义。

（4）好朋友在面对同一件事时情绪可能不一样，因为需要不一样。

（5）顺着情绪做事，但要记得"三不伤"。

第一单元

第二单元

第三单元

第四单元

第五单元

练功分享

四级功夫第六招"随情而行"你练得怎么样？说一说你的练功故事吧。

导入新话题

通过前面的学习，我们知道下结论、做判断的时候要收集事实，要客观；那么，在评价他人和制订自己的目标时我们应该怎么做呢？

活动一　对他人评价高一点点（15分钟）

1　情景表演

美 术 课 上

美术课上，小天快速完成了自己的作品之后，觉得无聊，便东张西望起来。他发现隔壁桌的小新也画完了，只是……哎呀，那画的是什么呀！他用手指着小新的画，连声说道："这是什么呀！太难看了，太难看了！哈哈哈……"笑声引起了其他同学的注意，大家纷纷顺着小天手指的方向探头看过去，几个调皮的孩子也跟着起哄，哈哈大笑起来。小新看到小天和其他同学嘲笑自己，一时不知说什么好，趴在桌上哭了起来。

【说明】如果学生不习惯表演，也可以由教师直接讲故事，还可以提前把故事录成录像放给学生看。

2 讨论

（1）小新听到小天和大家的评论后有什么情绪？这种情绪会对小新产生什么影响？

【说明】第一问在全班讨论，要不断还原故事情景，让学生站在小新的立场上体会小新当时的情绪：可能是悲伤（自己努力付出却被完全否定），可能是羞愧（那么多同学看不上自己的画），可能是生气（被当众揭丑），也可能是愤怒（那么多人一起嘲笑自己）……。教师可以在黑板上整理如下。

小新可能的情绪	产生这一情绪的原因
悲伤	自己努力付出却被完全否定
羞愧	那么多同学看不上自己的画
生气	被当众揭丑
愤怒	那么多人一起嘲笑自己
……	……

第二问可以先小组讨论，然后全班分享。要让学生充分想象小新以后会怎么样：可能不敢再画画，对画画失去兴趣；可能因为较劲而更加努力地提高自己的绘画水平，却很长时间远离、回避同学和老师；可能很长时间不敢跟同学说话，不敢和同学一起玩耍，变得沉闷，自信活泼的小新变成了沉默寡言的小新。讨论后进一步提问学生：当小新变成这样的时候，小天和其他同学会开心吗？促进学生思考行为后果，为下面的问题做铺垫。

（2）如果时光倒流，为了让小新还能开心地坚持画画，小天可以怎么做？

【说明】首先，在小天看来，小新的画不好是客观事实。要抓住"让小新还能开心地坚持画画"推动学生思考，重点落在小新的进步和成长上。

其次，此处是引出并区分科学思维和幸福思维的关键。要引导学生感受情绪带来的行为后果，可以追问学生：是小新的画画得好不好重要还是小新重要？再进一步追问：

第一单元 第二单元 第三单元 第四单元 第五单元

小新的什么重要？引导学生得出结论：小新能继续坚持画画的意志品质更重要。

教师引导学生说出"小新，你的……画得很好"（某一优点）、"小新，你的画有进步了，你越画越好了"（进步的角度）、"小新，你能坚持画画很好"（优秀品质），之后追问：小新听了这样的话会怎么样？小新不仅会更加自信，还会感到开心幸福，因为有同学在关心和鼓励自己呢。对他人的关心、肯定和鼓励体现了幸福思维。教师要告诉学生："这就是科学思维和幸福思维的不同。小新的画画得不好是客观事实，讲事实体现的是科学思维。对小新的关心、鼓励、宽容体现的是幸福思维。鼓励并不是说假话，肯定他人某一方面的优点、优势，才是鼓励。要坚持幸福思维，而不是虚假思维。科学思维求客观、讲事实；幸福思维讲感受、要幸福。每个人都是经过努力由丑小鸭变成白天鹅的。我们对他人评价高一点点，有利于提高他人的自信心，推动他人进步，更利于建立和谐的关系。"

3　活动小结

（1）科学思维讲事实，幸福思维讲感受。

（2）每个人的水平不一样，只要进步就是好样的！每个人都是从丑小鸭变成白天鹅的。

（3）对他人评价高一点点，有利于提高他人的自信心，更有利于建立和谐的关系。你好我也好，大家更幸福！

（4）鼓励并不是说假话，而是肯定对方某一方面的优点、优势。

活动二　对自己要求低一点点（10 分钟）

1　情景故事

什么最重要

　　小美和阳阳是一对好朋友，两人平时学习都不错。一次考试后，老师发下卷子。小美拿到卷子一看——95 分，难过地哭起来。阳阳赶紧安慰她说："别难过了，你都考 95 分了，已经很棒了。"小美听了阳阳的话，哭得更伤心了，大声说："那 5 分就不该丢，我怎么就做错了呢！"阳阳听了，看了看自己试卷上的 88 分，摇了摇头，去找其他同学讨论了。

2　讨论

　　（1）看到自己的分数后，小美和阳阳分别有什么情绪？他们不同的情绪分别带来了什么影响？

　　【说明】小美的情绪是难过，阳阳的情绪是平静。小美的情绪会让自己越来越自卑，阳阳的情绪会让自己更自信、更有幸福感。

　　（2）小美和阳阳谁更幸福？小美怎样调整才能更开心、更有幸福感？

　　【说明】对阳阳来说，分数很重要，但学习、成长更重要，所以，阳阳平静地接受现有分数，去请教同学，寻找提高的方法，因此他更有幸福感，这样做也有利于他自己的成长。小美考了 95 分还这么难过，在难过的情绪中走不出来，是因为她不允许自己出错，对自己要求过高。不完美是正常的，追求完美会让人压力太大、太紧张。每个人都是不完美的，对自己要求过高就会不断地打击自己，看到的都是自己的缺点，看不到自己的优点，从而丧失自信心。如果小美对自己宽容一点，肯定自己的努力，接纳自己，就会更开心、更幸福了。

"同学们，即使是会做的题，能保证永远不出错吗？"教师可以通过这个问题的讨论再次引出科学思维和幸福思维的不同。科学思维求严格，幸福思维讲包容。对自己要求低一点点，宽容一点点，可以获得更多幸福。

3　活动小结

（1）科学思维求严格，幸福思维讲包容。

（2）每个人都是不完美的，对自己要求低一点点，有利于提高自信心、增强幸福感，也有利于个人成长。

活动三　来到我的生活里（6分钟）

你的生活里有类似的故事吗？你可以运用今天学到的"一点点"的知识让自己和身边的人更幸福吗？

请大家想一想，先小组分享，然后请几位同学在全班分享。

【说明】引导学生回顾自己生活中的事例并进行分析。教师要事先准备2—3个案例，当学生不能顺利回忆时提供参考。

活动小结

对他人评价高一点点，对自己要求低一点点，对人对己包容一点，幸福就会多一点。

我学到了（2分钟）

（1）科学思维针对事，求客观，讲严格；

幸福思维关爱我们自己，要幸福，讲包容。

（2）对他人评价高一点点，有利于提高他人的自信心，

更有利于建立和谐的关系。每个人的水平不一样，只要进步就是好样的。

（3）接纳自己的不足，对自己要求低一点点，有利于提高自信心，提升幸福感，

也有利于个人成长。

（4）无论是高一点点还是低一点点，都是为了让我们面对客观事实。有时积极

一点点、自信一点点，能提升我们的幸福感，更有利于我们的成长。

（5）我们既要有科学思维，也要有幸福思维。

我的练功房（2分钟）

四级功夫第七招：一点点就会很幸福。

1 练功目的

体会对他人评价高一点点，对自己要求低一点点，对人对己宽容，有利于提高他人和自己的自信心，更有利于建立和谐的关系，使自己和他人更幸福。

2 练功要领

（1）想象对他人评价较低时对方的情绪和可能的影响。

（2）想象对自己要求较高时自己的情绪和可能的影响。

（3）说出类似于"你／我……越来越好了"这样的话。

（4）感受对他人评价高一点点、对自己要求低一点点时对方和自己的情绪，体会这种情绪背后的自信和幸福。

我的练功房

情景故事	科学思维	幸福思维（一点点就会很幸福）

温馨提示：对于"幸福思维"，可以从优点、进步、优秀品质三方面考虑。

第八课时　扭一扭，幸福自然来

课 时 目 标

1. 体验"从我到你"，通过反应模式的改变（我来扭一扭），减少冲突，提升幸福感。

2. 认识到要从"非黑即白"的思维方式转变为"中间状态"的思维方式，以这种思维方式处理问题，幸福自然来。

3. 能够表达自己的情绪，让他人感受其行为的后果，减少冲突，提升幸福感。

活 动 安 排

活动名称	目标	准备	难点
活动一　我来扭一扭	目标1	无	体验"我来扭一扭"，减少冲突，提升幸福感
活动二　请你扭一扭	目标2 目标3	无	体验"请你扭一扭"，减少冲突，提升幸福感
活动三　来到我的生活里	目标1 目标2 目标3	准备2—3个"扭一扭，幸福自然来"的故事	联系生活实际，运用所学知识，让自己和身边的人更幸福

日 常 修 炼

四级功夫第八招：扭一扭，幸福自然来。

理 论 依 据

弗洛伊德提出了自我与本我、超我和环境之间的关系的理论。一个人出生的时候是以本我为中心的，具体说就是以本能的需要为中心。之后，他要面对外在环境和他人的要求，逐渐产生协调本我与超我以及外在环境的自我。皮亚杰从儿童与社会相互作用的角度，从儿童思维发生发展的角度，提出儿童的思维发展过程是从自我中心思维向现实思维发展。这个过程并不意味着自我中心思维的消失。他认为："自我中心主义、逼迫与合作——这是思维的三个方向。发展中的儿童思维不断地在这三者之间摇摆游离。成年人的思维也在不同程度上与这三个方面有关联，这取决于思维是否仍然是我向思维，或者已经植根于某种类型的社会组织。"[①] 其中，"自我中心主义"是指儿童只考虑自己的兴趣；"逼迫"就是儿童被迫服从他人或者社会组织；"合作"则是指儿童可以与他人（或者社会组织）沟通、相互理解和配合。从人际交往的角度看，健康自我不应该是自我中心的或者是被逼迫的，而应该是可以和他人合作的。自我中心思维是导致儿童之间冲突的一个重要原因，恰当地转变学生的"自我中心思维"是健康自我成长的一个重要内容。

这里要注意的是自我中心思维是人的原初思维，不属于自私，不属于道德问题，因此不能简单地用说教方式改变。另外，我向思维体现的是自我的自发性，是创造性思维的基础，在科学探究和问题解决方面具有重要意义，需要在这一领域给予保护和发展。

非此即彼、非黑即白的思维方式，只看到了事物相反的两面或两端，忽视了中间状态，也就是通常所说的灰色地带，而实际上，中间状态才是普遍的。因此，非黑即白的思维方式往往由于与事实不符或者片面甚至极端而导致冲突。我们需要引导学生逐渐转变这种思维方式，学

---

① 维果茨基. 维果茨基教育论著选 [M]. 余震球，选译. 北京：人民教育出版社，2005：61.

会"中间状态"的思维方式。"中间状态"体现了黑与白的辩证关系，即事物都有好的一面和不好的一面，两者辩证统一地存在着。因此，"中间状态"的思维方式本质上是一种辩证思维。考虑到小学生的思维特点，我们以"中间状态"或"中间地带"这种说法帮助学生形象地理解这种思维。

第一单元

第二单元

第三单元

第四单元

第五单元

开课了（5分钟）

我还记得

各位同学，大家好！你们还记得上节课学习的主题是什么吗？我们都学了什么？

主题：一点点就会很幸福

（1）科学思维针对事，求客观，讲严格；幸福思维关爱我们自己，要幸福，讲包容。

（2）对他人评价高一点点，有利于提高他人的自信心，更有利于建立和谐的关系。每个人的水平不一样，只要进步就是好样的。

（3）接纳自己的不足，对自己要求低一点点，有利于提高自信心，提升幸福感，也有利于个人成长。

（4）无论高一点点还是低一点点，都是为了让我们面对客观事实。有时积极一点点、自信一点点，能提升我们的幸福感，更有利于我们的成长。

（5）我们既要有科学思维，也要有幸福思维。

练功分享

四级功夫第七招"一点点就会很幸福"你练得怎么样？说一说你的练功故事吧。

导入新话题

经过上节课的学习，我们知道了对他人评价可以高一点点，对自己要求可以低一点点，只要在原有基础上努力就好，接纳自己和他人的不完美，对自己和他人宽容一点，能够提升幸福感。今天，我们继续学习怎样通过"我来扭一扭"或"请你扭一扭"，减少冲突，提升幸福感。

活动一　我来扭一扭（10分钟）

1　情景表演

<h1 style="text-align:center">你怎么了</h1>

快下课时，老师在黑板上写了几道数学题，留给同学们作为家庭作业。壮壮写字慢，下课铃响了，他还有两道题没有抄下来。下节课是他最爱上的体育课，他的心早就飞到了操场上，可题还没抄完，真是着急呀！小早是今天的值日生，做事认真负责，一下课，她便跑到教室前面去擦黑板。壮壮大喊："别擦，别擦！"小早却像没听见一样，拿起黑板擦就擦起来。壮壮急坏了，三步并作两步地跑到讲台上，一把抓住小早的胳膊，大声说："说你呢，让你别擦，听到没有！"其他几个没抄完题的同学也跟着大声嚷嚷起来。小早见此情景……

2　讨论

（1）面对壮壮等人的拉扯和嚷嚷，小早可能会有什么情绪？如果小早也急躁，会有什么后果？

【说明】面对壮壮的拉扯和嚷嚷，小早可能会感到委屈（好好地擦着黑板，干吗这样对我，我又没做错什么）、愤怒（干吗不让我擦黑板）、疑惑（怎么回事）、尴尬（不知道该不该继续擦黑板）等。

如果小早也急躁，可能会和壮壮吵起来，甚至动起手来，导致最后谁都不能满足自己的需要，还会耽误上体育课，使两人都受到批评；也可能小早理都不理壮壮，继续擦黑板，擦完后扬长而去，使壮壮更加愤怒，也许将来某个时候两人又会起冲突；还可能是小早看到壮壮这样，摔下黑板擦转身离开……。无论哪种情况，都会造成两人关系破裂，影响同学之间的友谊与班级团结。教师可以让学生假设自己是壮壮或小早，通过这样的分析引导学生感受自己行为的后果。

（2）面对壮壮等人的急躁情绪，小早怎么做才不会导致进一步的冲突？

【说明】首先，小早要及时觉察到自己的情绪变化并进行调整，避免冲突进一步升级；其次，小早要觉察他人的情绪，也就是觉察壮壮是什么情绪，想象处于这种情绪中的壮壮一定很难过，产生同理心；最后，小早要积极地沟通，询问壮壮"你怎么了"。此处，学生可能过于关注如何解决壮壮没抄完题的实际问题，忽视小早对壮壮嚷嚷和发怒的原因并不知情这一情况，教师要提醒学生回到故事中去。如果学生在讨论中不能生成有效的解决方案，教师可以把下面的故事续编提供给学生，并让学生讨论续编后面的问题。

3 故事续编[①]

你怎么了（续）

壮壮急坏了，三步并作两步地跑到讲台上，一把抓住小早的胳膊，大声说："说你呢，让你别擦，听到没有！"其他几个没抄完题的同学也跟着大声嚷嚷起来。小早见此情景，只觉得一股怒火从心底升起，全身发热。她连忙做了几次深呼吸，让自己平静下来，然后平和地问："壮壮，你怎么了？"听到小早的问话，壮壮猛然意识到自己有点情绪失控了，满怀歉意地对小早笑笑，说："对不起啊，题没抄完，还急着上体育课，看你擦黑板，就着急了。"

讨论：当小早问"你怎么了"时，壮壮会有什么感受？接着他可能会怎么做？

【说明】首先要引导学生体会小早的询问传递的是什么情绪，这种情绪传递给壮壮，壮壮会有什么感受，通过讨论让学生体会有了新的情绪就会带来新的行为。这里只是以小早为例，突出"三步舞曲"（觉察我的情绪、觉察你的情绪，主动询问"你怎么了"），强调"我来扭一扭"。

---

① 如果学生在上面问题（2）的讨论中已经生成了解决方案，教师可略过该环节，直接进行活动小结。

4 活动小结

（1）觉察我的情绪，觉察你的情绪，主动询问"你怎么了"，三步舞曲，我来扭一扭。

（2）换位思考，从我到你，减少冲突，提升幸福感。

活动二　请你扭一扭（13分钟）

1 情景故事

中 间 地 带

大海和跳跳是同班同学。大海喜欢安静，不爱说话；跳跳则是班上有名的活跃分子。两人原本没有太多接触，可不知为什么，最近跳跳总是在放学后骚扰大海。一天放学后，大海正走着，跳跳从后面跑过来，一下抢走了他的水杯。大海没理会，继续向前走。他以为跳跳会把水杯还给他，但跳跳没有。好脾气的大海忍了。又有一天，在放学回家的路上，跳跳突然从后面冲向大海，猛地推了他一下，大海没站稳，就摔了一跤。大海认为不会再有下次了，忍了又忍，爬起来走了。第二天，跳跳再一次挑衅，抢走了大海的铅笔盒。大海忍无可忍，终于和跳跳打了起来。

2 讨论

（1）面对跳跳的骚扰，大海可能会产生什么情绪？跳跳骚扰大海时可能是什么情绪？

【说明】面对跳跳的骚扰，大海的情绪可能是愤怒、烦躁、疑惑等。跳跳骚扰大海时的情绪可能是开心、不以为然、轻蔑，他很可能认为大海的忍受代表了大海好欺负、软弱、无能，根本意识不到那是大海的包容。

（2）大海"忍"和"打"的处理方式会有什么不同影响？

【说明】"忍"的处理方式会对大海造成心理伤害，大海可能会变得更怕跳跳，也可能会因为跳跳的事情害怕和其他同学交往，变得更加自卑、自闭；"打"的处理方式则会使大海和跳跳产生直接冲突，造成两个人关系的破裂，也破坏班级的和谐氛围。这两种处理方式都不利于健康的人际关系的建立。

（3）大海为什么会忍，又为什么会打？

【说明】这是要讨论的核心问题。"忍"是因为他不想和跳跳沟通，可能是不敢，也可能是不屑。不敢是因为他不自信，不屑是因为他觉得这不是大事。"打"是因为他忍无可忍了：或者是他被逼急了，用极端的方式解决问题；或者是小事积累成了大事，生气变成了愤怒。

（4）如果你是大海，面对类似问题时你该如何处理？

【说明】根据上一个问题的讨论，请学生提出解决问题的方法。

学生就"和对方沟通"这一方案达成共识后，再请学生自由讨论大海和跳跳的沟通方式，体验他们想出的沟通方式能否避免冲突，从而帮助学生学会从"非黑即白"的思维方式转换为"中间状态"的思维方式。如果学生在讨论中不能生成有效的解决方案，教师可以把下面的故事续编提供给学生，并让学生讨论续编后面的问题。

3 故事续编①

中间地带（续1）

老师了解情况后问大海："除了'打'和'忍'，有没有其他方式解决这个问题？"大海很茫然。在老师的再三引导下，大海才意识到还可以尝试和跳跳沟通。大海很犹豫，担心跳跳不愿意沟通，也担心沟通没有用。老师鼓励大海，让他尝试一下。这天放学后，在老师的办公室，大海对跳跳说："跳跳，你总是在放学后骚扰我，不是拿我的水杯、铅笔盒，就是推我，这让我很生气。希望你以后别再这样做了。"跳跳听了大海的话，不好意思地挠挠头，真诚地对大海说："大海，对不起。其实我就是想和

_____

① 如果学生在上面问题（4）的讨论中已经生成了解决方案，教师可以略过该环节，直接进行活动小结。

你逗着玩儿，没想到这样会让你不舒服，我以后不再这么做了。"大海听到跳跳的道歉和解释，开心极了……

中间地带（续2）

这一架两败俱伤，大海和跳跳两人都愤愤不平，各自回了家。第二天，跳跳主动找到大海，问："昨天你为什么打我？"大海生气地说："要不是你总骚扰我，把我惹恼了，我怎么会打你？"跳跳听了大海的话，大吃一惊，支支吾吾地说："我……我只是想和你玩，没想惹你生气。对不起。"大海听到跳跳这么说，愣了一下，说："我以为你是故意欺负我呢，你以后别再这样就行了……"他边说边主动伸出手，握住了跳跳的手。

讨论：大海怎样沟通才有效？

【说明】教师可以通过表格的形式帮助学生学会从"非黑即白"的思维方式转变为"中间状态"的思维方式。

黑色地带：忍	中间地带	白色地带：打
不敢表达	敢于表达、愿意表达	忍无可忍
不屑表达（小事不生气）	有一两次这种情况就向对方表达自己的态度和想法	因小失大（愤怒）

通过续编中大海和跳跳沟通的细节，教师可以引导学生归纳出沟通的三个步骤：描述对方的行为及后果，说出自己的感受，表达自己对对方的期待和要求。此处是难点，是"请你扭一扭"的核心。总结出三个步骤后，教师可以再次提问：大海是不是到了中间地带？大海、跳跳是按照三个步骤沟通的吗？冲突避免了吗？从而进一步加深学生的理解和记忆。

第一单元

第二单元

第三单元

第四单元

第五单元

4 活动小结

（1）不要"非黑即白"地考虑问题，要在"中间地带"解决问题。

（2）请你扭一扭，从你到我，能够考虑他人，幸福自然来。

（3）请你扭一扭的方法：描述对方的行为及后果，说出自己的感受，表达自己对对方的期待和要求。

活动三　来到我的生活里（6分钟）

你的生活里有类似《你怎么了》和
《中间地带》的故事吗？你可以运用今天
学到的知识让自己和身边的人更幸福吗？
请大家先在小组内交流，然后请几位同学在全班分享。

【说明】这个部分时间有限，教学组织上要简单。

活动小结

扭一扭，幸福自然来。

我学到了（1分钟）

（1）我来扭一扭，从我到你，换位思考，减少冲突。

（2）我来扭一扭的三步舞曲：觉察自己的情绪，觉察对方的情绪，主动询问"你怎么了"。

（3）不要"非黑即白"，要在"中间地带"解决问题。

（4）请你扭一扭，从你到我，能够考虑他人，幸福自然来。

（5）请你扭一扭的方法：描述对方的行为及后果，说出自己的感受，表达自己对对方的期待和要求。

我的练功房（2分钟）

四级功夫第八招：扭一扭，幸福自然来。

练功一：我来扭一扭

1 练功目的

练习换位思考，从我到你。

2 练功要领

（1）觉察自己的情绪并调整。

（2）觉察对方的情绪。

（3）询问对方：你怎么了？

练功二：请你扭一扭

1 练功目的

练习好好表达，让他人换位思考。

2 练功要领

（1）描述对方的行为及后果。

（2）说出自己的感受。

（3）表达自己对对方的期待和要求。

第一单元 第二单元 第三单元 第四单元 第五单元

我的练功房

练功一　我来扭一扭		练功二　请你扭一扭	
我的练功故事		我的练功故事	
觉察自己的情绪		描述对方的行为及后果	

续表

练功一　我来扭一扭		练功二　请你扭一扭	
觉察对方的情绪		说出自己的感受	
询问"你怎么了"		表达自己对对方的期待和要求	

健康宣言（1分钟）

同学们，健康自我成长的四级功夫我们已经全部学完了。我们掌握了很多能提升幸福感的幸福法宝，拥有了获得幸福的能力。让我们共同牢记这些幸福法宝，一起走向幸福吧！

掌握幸福法宝

情绪自然无好坏，

抑扬顿挫翩翩舞。

分辨事实和意见，

有色眼镜要摘掉。

反应密码价值大，

我来自制"望远镜"。

对人对己"一点点"，

你我都需"扭一扭"。

换位思考解困扰，

幸福思维更幸福。

我_____要牢记和掌握幸福法宝，让自己更快乐、更幸福！

宣誓人：_____

____年____月____日

【说明】希望每个学生在这个宣誓环节都能够做到严肃认真。首先，教师要营造仪式感，可伴以适当的音乐，以烘托仪式氛围。在宣誓前，教师要对每一句誓词进行相应的解释说明。情绪没有好坏之分，每一种情绪对我们来说都很重要，有情绪才有感觉。会跳抑扬顿挫的情绪舞蹈，说明自己能够根据环境尤其是他人的感受进行自我调控，意味着自己成长了。分辨事实和意见对于提升自我的幸福感非常重要，意见是由情绪和偏见两种有色眼镜造成的，所以要摘掉这两种有色眼镜。要学会根据自己的反应密码预测可能的风险，自制"望远镜"，规避风险，让自我在交往中避免冲突。不同的情绪背后有不同的需要，随情而行能满足不同的需要，是有价值的。随情而行要注意做到"三不伤"，尽可能得到他人的理解。幸福思维要幸福、讲包容，因此，对他人评价可以高一点点。对自己要求可以低一点点，在你和我之间发生冲突的时候不要"非黑即白"，而是问一句"你怎么了"（我来扭一扭）或者适当表达"我怎么了"（请你扭一扭）。学会换位思考，能够避免或减少情绪的困扰，从而获得幸福。

"大功告成"：我的练功单元（2分钟）

同学们，这个学期的课堂学习部分到今天就结束了，下面我们将进入"'大功告成'：我的练功单元"的学习和实践。老师期待你们的练功分享，更期待你们的成长。

我们将在四周后进行第一个大功"跳起我的情绪舞蹈"的练功分享。请你们和家长一起练功，每周填写完一张练功单（关键是练功过程）。（提醒学生：《我的幸福法宝学习手册》里有三张练功单，如果不够的话，可以再向老师要）

另外，在自我练功阶段，同学们四人一个小组，平时要经常交流练功情况。在每个小组内，同学们可以轮流组织交流活动，每周一次。现在，请大家商量确定每周小组交流的负责人，并填写到表格中。

时间	练功交流负责人
第一周	
第二周	
第三周	
第四周	

　　最后一位同学将负责练功分享课上你们小组分享的组织工作。每周小组交流后，请同学们把练功单交给老师保存。

　　相信通过这些练功，你和家人会更加亲密，你的生活会更加幸福，你们小组的同学也会成为更亲密的朋友。

第五单元

"大功告成"：
我的练功单元

单元目标

1. 养成日常练功的习惯，真正实现个人成长。

2. 通过"跳起我的情绪舞蹈"的练功分享，了解不同的情绪有不同的功能，体会不同情境下自己情绪的流动，感受自我控制和自我成长的过程，体会自我成长的幸福。

3. 通过"定一个幸福的目标"的练功分享，体会丰富的情绪情感对于幸福的重要性，理解我们的需要有物质需要和精神需要。

单元内容结构

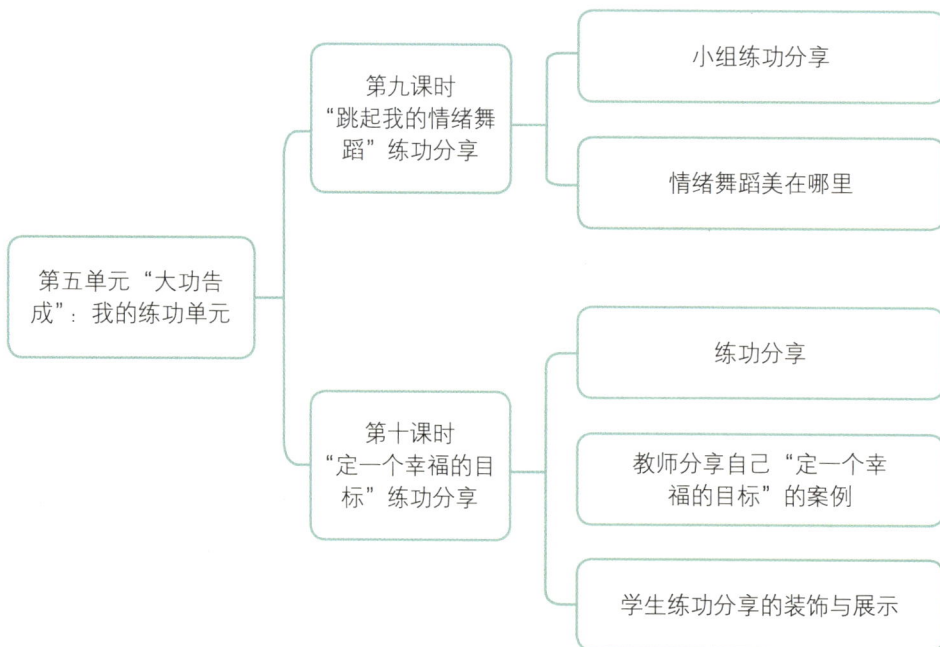

```
                                      ┌──────────────────┐
                        ┌─────────────│   小组练功分享    │
                        │             └──────────────────┘
              ┌─────────────────┐
              │   第九课时       │
              │ "跳起我的情绪舞  │
              │ 蹈"练功分享      │
              └─────────────────┘
                        │             ┌──────────────────┐
                        └─────────────│  情绪舞蹈美在哪里 │
                        │             └──────────────────┘
┌─────────────────┐
│ 第五单元"大功告   │
│ 成"：我的练功单元 │
└─────────────────┘
                        │             ┌──────────────────┐
                        ┌─────────────│   练功分享        │
                        │             └──────────────────┘
              ┌─────────────────┐
              │   第十课时       │     ┌──────────────────┐
              │ "定一个幸福的目   │─────│ 教师分享自己"定一个│
              │ 标"练功分享      │     │  幸福的目标"的案例 │
              └─────────────────┘     └──────────────────┘
                        │             ┌──────────────────┐
                        └─────────────│ 学生练功分享的装饰与展示 │
                                      └──────────────────┘
```

第九课时 "跳起我的情绪舞蹈"练功分享 [1]

课 时 目 标

1. 体会和理解抑扬顿挫的美。

2. 体会情绪变化过程中的抑扬顿挫。

3. 欣赏抑扬顿挫的情绪变化中不同情绪的美,进一步感受不同情绪的意义。

4. 感受情绪抑扬顿挫的过程是自我控制和自我成长的过程,体会自我成长的幸福。

| 抑 | 扬 | 顿 | 挫 |

第一单元

第二单元

第三单元

第四单元

第五单元

活 动 安 排

活动一 小组练功分享（15分钟）

请各组同学在组内选出一个练功故事,讨论一下如何展现出情绪舞蹈的美,并做好准备到班级中进行展示。

---

[1] 本课建议用 1-2 个课时完成,不一定每组都分享,关键在于目标的实现。

"跳起我的情绪舞蹈" 练功单

跳起我的情绪舞蹈			
情绪故事			
情绪主旋律			
情绪			
情绪舞蹈			
美的感受			

【说明】小组成员需要一起进一步明确情绪舞蹈中的抑扬顿挫，并想办法展示出来。展示的方式可以是讲故事，也可以是表演，还可以提出问题引发同学讨论，并说出自己的收获以及自己感受到的情绪舞蹈之美。

活动二　情绪舞蹈美在哪里（20 分钟）

请大家欣赏各小组展示的情绪舞蹈，体会抑扬顿挫的美。

【说明】鼓励学生相互倾听、相互理解。

讨论：如何让自己的情绪舞蹈美起来？

【说明】这个环节特别重要，教师可以引导学生对两种情绪舞蹈进行总结。

第一，总结以快乐为主题的情绪舞蹈。以快乐为主题的情绪舞蹈和第二课时中俊俊的情绪舞蹈相似，自己在抒发快乐情绪时要适当关注周围人的情绪，让自己的情绪和周围人的情绪保持和谐。

第二，总结以愤怒为主题的情绪舞蹈。这种类型的情绪舞蹈是我们要重点分析的。通过前期对学生的调研，我们发现在学生自己的情绪舞蹈中，愤怒和生气的情绪比快乐的情绪要多，前者给学生带来的困扰也更大，对学生来说，对不开心甚至愤怒情绪的处理比对快乐情绪的处理要难得多。因此，帮助学生分析以愤怒为主题的情绪舞蹈更有现实意义。

第三，在以快乐为主题的情绪舞蹈中，重点是理解"抑"的重要性：如果自己快乐的情绪跟周围人的情绪不协调，就需要做出适当的调整。

第四，在以愤怒为主题的情绪舞蹈中，重点是理解"顿"的力量。愤怒以后的情绪调整不是一个抑制的过程，而是一个自己寻求答案或者解释的过程，这个过程是情绪舞蹈中的"顿"。"顿"是情绪的转折，这个转折是建立在理性思考基础上的。因此，"顿"看似平静、没有变化，实则孕育着问题的解决、误会的解除。

布置第二个练功"定一个幸福的目标"（5分钟）

同学们，四周以后，我们将进行下一个"大功"的练功分享，分享的内容是"定一个幸福的目标"，希望大家认真练功。请同学们每周完成一张练功单的填写。（提醒学生：《我的幸福法宝学习手册》里有三张空白的练功单，如果不够的话，可以再向老师要）

在下一个"大功"分享之前是自我练功阶段，同学们两人一组，平时要经常交流练功情况。在每个小组内，两位同学可以轮流组织交流，每周一次。最后一次组内交流完成后，两人小组要选出一位同学在练功分享课上与全班同学分享。

最后一周的练功交流负责人将负责练功分享课上你们小组分享的组织工作。我们将在每周五用10分钟的时间进行组内交流，交流后请同学们把练功单交给老师保存。

相信通过练功，你们会越来越幸福。

【说明】建议老师把学生的练功单收集起来，做成一本练功作品集。

第十课时　"定一个幸福的目标"练功分享

课 时 目 标

1. 能在具体的生活情境中体会丰富的情绪情感对于幸福的重要性。

2. 理解我们的需要有物质需要和精神需要，精神需要还可以分为成功的需要和幸福的需要。

3. 总结归纳"定一个幸福的目标"的基本方法，发展情绪预测能力。

活 动 安 排

活动一　练功分享（23分钟）

同学们好！欢迎大家来到健康自我成长的课堂。请大家认真倾听同学们分享的案例，并思考后面的问题。

"定一个幸福的目标"练功单

成功的事	我的情绪	我内心还有另一种声音	我渴望的	我期待的美好情景	定一个幸福的目标	和他人沟通，制订一个可行的方案

（1）在同学们的练功分享中，请选择一个你最喜欢的练功故事并想一想：故事中每个人的需要是什么？如果你是故事的主人公，你要怎样做才能帮助大家获得幸福？

【说明】引导学生理解丰富的情绪情感对于幸福的重要性，进一步明确需要分为物质需要和精神需要。

（2）根据刚才的练功分享，请你想一想："定一个幸福的目标"有哪些基本方法？

【说明】教师可以以刚分享的某位学生的练功故事为例，引导这位学生说明自己当时的情绪、自己内心的另一种声音、自己渴望的、自己期待的美好情景、自己制订的幸福目标以及实现目标的可行方案，帮助学生了解怎样听从内心的声音，定一个幸福的目标。

活动二　教师分享自己"定一个幸福的目标"的案例（5分钟）

听了老师的分享，请同学们想一想：老师的需要是什么？老师怎样做能让自己更幸福？

【说明】教师提供一个体现不同的情感需要的案例，让学生体会情感需要是丰富的。例如，与家人、朋友的情感交流是幸福，发展自己的兴趣爱好、把生活变得丰富多彩也是幸福。下述案例可供参考。

成功的事	我的情绪	我内心还有另一种声音	我渴望的	我期待的美好情景	定一个幸福的目标	和他人沟通，制订一个可行的方案
去年十月我去海边旅行，看到了美好的日出，无比开心	开心舒畅	要是和朋友们围坐在一起看日出，那多好啊！	美好幸福	和朋友们围坐在一起，共赏美好瞬间	假期和朋友一起去海边	今天早点休息，明天一早就找朋友商量，定好一起去海边的时间和路线

活动三　学生练功分享的装饰与展示（10分钟）

同学们，请你们用彩笔装饰自己的练功单，然后把它贴到黑板上，还可以与自己的练功单合影留念。

第一单元

第二单元

第三单元

第四单元

第五单元

布置暑假练功"定一个幸福的目标"（2分钟）

经过幸福目标的制订以及与"定一个幸福的目标"练功单的合影，老师真切地感受到了你们的幸福。在这里，老师提一个小要求，希望你们在暑期继续进行"定一个幸福的目标"的练功。

1 练功目的

倾听自己内心的声音，关注自己的情感需要，为自己定一个幸福的目标，并尝试去努力实现它。

2 练功要领

（1）倾听内心的声音。

（2）想象美好的情景。

（3）定一个幸福的目标。

（4）和他人特别是和爸爸妈妈沟通。

我的练功房

定一个幸福的目标						
成功的事	我的情绪	我内心还有另一种声音	我渴望的	我期待的美好情景	定一个幸福的目标	和他人沟通，制订一个可行的方案

参考文献

1. Caruso，Salovey. 情商 [M]. 张丽丽，译 . 北京：高等教育出版社，2016.

2. 傅小兰 . 情绪心理学 [M]. 上海：华东师范大学出版社，2016.

3. 戈尔曼 . 情商 [M]. 杨春晓，译 . 北京：中信出版社，2010.

4. Harris. 沟通分析的理论与实务：改善我们的人际关系 [M]. 林丹华，周司丽，译 . 北京：中国
   轻工业出版社，2013.

5. 李娜 . 当代美德伦理论域下"幸福"概念之诠释 [J]. 求索，2011（1）：110-112.

6. 维果茨基 . 维果茨基教育论著选 [M]. 余震球，选译 . 北京：人民教育出版社，2005.

7. 杨俐容，杨雅明，黄瑞瑛，等 . 我真的很不错：提升孩子的自我概念 [M]. 嘉义：耕心文教事
   业推广有限公司，2015.

8. 杨俐容 . 你好，我也好：增进孩子的沟通技巧 [M]. 嘉义：耕心文教事业推广有限公司，2015.

9. 杨俐容，杨雅明，黄瑞瑛，等 . 我是解题高手：激发孩子的解决问题能力 [M]. 嘉义：耕心文
   教事业推广有限公司，2016.

出 版 人　李　东
责任编辑　何　薇
插画设计　张亦伦
版式设计　宗沅书装　吕　娟
责任校对　张晓雯
责任印制　叶小峰

图书在版编目（CIP）数据

我的幸福法宝／陈立华，胡爱国主编．—北京：
教育科学出版社，2020.1
（学生健康自我成长课程／季苹主编）
ISBN 978-7-5191-2115-0

Ⅰ.①我…　Ⅱ.①陈…　②胡…　Ⅲ.①心理健康—健
康教育—中小学—教学参考资料　Ⅳ.① G444

中国版本图书馆 CIP 数据核字（2019）第 300388 号

学生健康自我成长课程

我的幸福法宝

WO DE XINGFU FABAO

出 版 发 行	教育科学出版社				
社　　　址	北京·朝阳区安慧北里安园甲 9 号		邮　　　编	100101	
总编室电话	010-64981290		编辑部电话	010-64981277	
出版部电话	010-64989487		市场部电话	010-64989009	
传　　　真	010-64891796		网　　　址	http://www.esph.com.cn	
经　　　销	各地新华书店				
制　　　作	宗沅书装				
印　　　刷	中煤（北京）印务有限公司				
开　　　本	880 毫米 ×1230 毫米　1/16		版　　　次	2020 年 1 月第 1 版	
印　　　张	7.25		印　　　次	2020 年 1 月第 1 次印刷	
字　　　数	109 千		定　　　价	58.00 元	